中国石化巴陵石油化工有限公司

中国石化巴陵石油化工有限公司（以下简称"巴陵石化"）成立于1969年9月，其前身为周恩来总理亲自批示建设的中国四大化纤工程，由原岳阳石油化工总厂、洞庭氮肥厂、鹰山石油化工厂融合而成。经过51年的发展和建设，巴陵石化已成为一家大型石油化工、煤化工联合企业，是国内最大的锂系橡胶、己内酰胺生产企业和重要的环氧树脂生产基地。

巴陵石化下辖炼油部、橡胶部、树脂部、己内酰胺部、煤化工部等9个直属单位，以及合资企业浙江巴陵恒逸己内酰胺有限责任公司。有在册员工9184人（在岗6901人）。有主要生产装置49套、辅助装置34套。分为5条产品链：一是炼油产品链，包括年综合加工能力200万吨炼油（常压部分具备350万吨一次加工能力），年产12万吨苯乙烯、6万吨聚丙烯、6万吨MTBE等；二是合成橡胶产品链，总产能34万吨，包括20万吨SBS、5万吨SEBS、4万吨SIS、2万吨SEPS、3万吨SSBR等；三是环氧树脂产品链，包括10万吨环氧树脂、9万吨烧碱、3.2万吨氯丙烯、2.8万吨氯丙烷等；四是己内酰胺产品链，主要包括50万吨己内酰胺（含合资企业20万吨）、45万吨环己酮、80万吨硫铵等；五是煤化工产品链，主要包括日投煤2000吨煤气化（年产氢气10万吨）、42万吨合成氨、26万吨双氧水等。主要产品有汽油组分油、柴油组分油、溶剂油、苯乙烯、MTBE、SBS、SIS、SEBS、SEPS、SSBR、聚丙烯、环氧树脂、液氯、盐酸、己内酰胺、聚酰胺、环己酮、硫酸铵、液氨、双氧水、氢气等50多种170多个牌号。

巴陵石化曾获国家技术发明奖一等奖、国家科学技术进步奖一等奖各1项，国家科学技术进步奖二等奖6项，是中国石化创新型企业。先后获得全国文明单位、全国五一劳动奖状、全国先进基层党组织等荣誉称号。

好孩子集团有限公司

好孩子集团有限公司（以下简称"好孩子"）从自主发明的一辆多功能婴儿车起步，发展成为全球儿童用品行业的领导者，构建了以中国、德国、美国三大母市场辐射全球的自主品牌经营体系，形成了国内国际双循环、相互促进的新发展格局。2019年销售收入 143 亿元，比 2018 年增长 18.2%，利润增长 45%。

好孩子在中国、北美、欧洲的市场占有率分别连续 27 年、21 年、14 年保持第一，是全球行业创新的引领者；拥有全球 7 大研发中心，累计创造专利 10612 件，超过全球竞争者前 5 名的总和；获世界级工业设计大奖 39 项；拥有国家认定的企业技术中心和工业设计中心，是国家知识产权、技术创新和品牌培育的示范企业。

好孩子是质量管理的标杆。创建"极致质量管理模式",保障国内外的品牌声誉和竞争优势,荣获中国工业大奖表彰奖、中国质量奖提名奖、首届"省长质量奖"、首届"欧盟产品安全奖"、全球卓越绩效奖等奖项。

好孩子是国际标准的制定者,是国际标准化组织 ISO/PC 310 的秘书处和主席单位,主导或参与制定国内外标准 207 项,多次获得中国标准创新贡献奖;拥有世界领先的检测中心,是中国、美国和欧盟授权的检测认证机构。

好孩子是两化融合的示范企业,致力于数智化、平台化,打造全球育儿生态圈。

大全集团

大全集

第六届中国工业大奖经验交流文集

脊梁

中国工业报社◎编

中国财富出版社有限公司

图书在版编目（CIP）数据

脊梁 : 第六届中国工业大奖经验交流文集 / 中国工业报社编 , —北京：中国财富出版社有限公司，2020.12

ISBN 978-7-5047-7337-1

Ⅰ . ①脊… Ⅱ . ①中… Ⅲ . ①制造工业－工业发展－中国－文集 Ⅳ . ① F426.4–53

中国版本图书馆 CIP 数据核字（2020）第 257315 号

策划编辑	宋　宇	**责任编辑**	齐惠民　郭逸亭　刘静雯		
责任印制	梁　凡	**责任校对**	张营营	**责任发行**	董　倩

出版发行	中国财富出版社有限公司		
社　　址	北京市丰台区南四环西路 188 号 5 区 20 楼	**邮政编码**	100070
电　　话	010-52227588 转 2098（发行部）		010-52227588 转 321（总编室）
	010-52227588 转 100（读者服务部）		010-52227588 转 305（质检部）
网　　址	http://www.cfpress.com.cn	**排　　版**	宝蕾元
经　　销	新华书店	**印　　刷**	天津市仁浩印刷有限公司
书　　号	ISBN 978-7-5047-7337-1/F・3246		
开　　本	787mm×1092mm　1/16	**版　　次**	2020 年 12 月第 1 版
印　　张	9.25	**印　　次**	2020 年 12 月第 1 次印刷
字　　数	107 千字	**定　　价**	198.00 元

版权所有・侵权必究・印装差错・负责调换

序

党的十九届五中全会开启全面建设社会主义现代化强国的新征程，提出加快构建以国内大循环为主体、国内国际双循环相互促进的新发展格局，还提出把发展经济的着力点放在振兴实体经济上，并对建设制造强国、质量强国、网络强国、数字中国做出具体部署。中国工业大奖获奖企业是中国工业界的脊梁，代表了中国制造的高度与核心竞争力，标志着现代化经济体系迎来重大进展，正是构建双循环发展格局的主体之一。

为此，中国工业报社推出《脊梁：第六届中国工业大奖经验交流文集》，展现企业成功经验和发展模式，弘扬大国工匠精神，体现产业链供应链现代化水平，促进中国制造高质量发展，促进我国由制造大国向制造强国转变。

第六届中国工业大奖在以往基础上，更注重候选企业和项目在自主创新、高端引领、两化融合、强基固本、产业链协同、高质量供给以及抗击新冠肺炎疫情责任担当等方面的业绩和能力，特别是在解决

各类"卡脖子"和瓶颈问题等方面的突破和创新成果。

一是突出创新引领作用。高度重视技术研发投入，拥有一批自主创新成果，如中国空间技术研究院神舟飞船系列、中国电子科技集团公司第十四研究所高性能雷达核心模块项目，以及中国煤炭地质总局"三个地球"建设等。

二是突出两化深度融合。坚持以智能制造为主攻方向，强化应用创新和商业模式创新，实现数字化、网络化、智能化转型，如国家电网有限公司和海尔集团卡奥斯工业互联网平台（COSMOPlat）等。

三是突出固链补链强链能力。处于产业链关键节点位置，带动力、辐射力强，对产业链协同创新，解决重点领域"卡脖子"问题有突出贡献，如中铁工程装备集团有限公司盾构/TBM、太原钢铁（集团）有限公司"手撕钢"项目等。

四是突出高质量供给水平。适应经济结构和消费升级趋势，提升产品和服务质量，开发新品种、新业态迈向高端，创建名品牌，拓展国内外市场，如好孩子集团有限公司、广州立白企业集团有限公司等。

五是突出抗击新冠肺炎疫情的责任担当。秉持爱国情怀，保护人民生命健康，在保障防疫抗疫物资供应，在药品、疫苗、医疗器械研发研制等方面做出了突出贡献，如中国生物技术股份有限公司等。

鲁迅说："我们从古以来，就有埋头苦干的人，有拼命硬干的人，有为民请命的人，有舍身求法的人……这就是中国的脊梁。"

在当下，中国工业界也有一大批这样的企业，默默耕耘、不断坚守、持续创新，挺起了新时代的中国脊梁。本书的出版，希望进一步动员和激励中国工业企业以习近平新时代中国特色社会主义思想为指导，深入贯彻落实党的十九届五中全会精神，在构建新发展格局、实施"十四五"规划和实现2035年远景目标中争当先锋。

《脊梁》编辑部

2020年12月11日

目 录

以国为重　航天报国

中国空间技术研究院

中国空间技术研究院（以下简称"研究院"）成立于1968年，经过50多年拼搏奋斗，已成为中国空间事业最具实力的骨干力量，为国民经济建设、国防现代化和人民生活水平的提高做出了重要贡献。自1970年4月24日成功发射我国第一颗人造地球卫星以来，研究院已抓

图1　"嫦娥五号"探测器

总研制并发射了300余颗航天器，形成了载人航天、月球与深空探测、导航定位、对地观测、通信广播、空间科学与技术试验六大系列航天器，铸就了"东方红一号"卫星、"神舟五号"载人飞船、"嫦娥一号"卫星中国航天发展三大里程碑，取得了举世瞩目的成就。

以国为重，始终服从服务国家战略需要

党的十九大明确提出了建设航天强国的宏伟目标。研究院坚持以国家利益为核心，以习近平新时代中国特色社会主义思想为指导，以习近平总书记对航天事业的重要指示批示为根本遵循，履行"创人类航天文明，铸民族科技丰碑"使命，自强不息，勇于开拓，全力以赴

图2 "天问一号"火星探测器研制现场

地完成好党和国家赋予的各项任务，为建成新时代航天强国奠定坚实的基础。

航天报国，为强国梦构筑关键支撑

50余年来，研究院在发展航天事业的道路上砥砺前行，始终代表着中国航天器领域发展的最高水平。抓总实施了载人航天、月球探测、高分辨率对地观测系统、卫星导航定位系统、空间基础设施等航天重大工程；总结出了以钱学森系统工程理论为核心的航天器系统工程技术和管理体系；提升了一系列具备世界一流水平的宇航产业基础能力；孕育形成了航天"三大"精神；有力推动了"一带一路"等国家倡议和重大战略的实施，迄今签署了28个整星出口合同，其已成为中国外交名片。

自主创新，探索走出一条创新强企之路

研究院将创新发展作为第一动力，坚持自力更生发展道路。打造了一支以5位"两弹一星"元勋和16位两院院士为代表的领军人才队伍；共获得80余项国家科学技术奖，其中特等奖8项，一等奖12项；创造了第一艘无人实验飞船"神舟一号"，"神舟七号"载人飞船第一次实现了航天员太空出舱活动等中国航天史上多项"第一"，以及月背软着陆和巡视勘探等世界航天史上多项"第一"。

强化技术转化，深度服务国民经济和社会发展

研究院着力发展航天技术应用相关产品与服务，打造了卫星应用、

智能装备、空间生物三大业务板块，拥有中国卫星和康拓红外两家上市公司。研究院注重技术转移与成果转化，将航天器研制过程中积累的技术成果，推广到国民经济各行业，开发出多项拥有自主知识产权、技术先进、具有广阔市场前景的航天技术应用产品，日益形成新增长动力源泉，不断满足人民群众对美好生活的需要，推动国民经济高质量发展。

图3　中国空间站

践行绿色发展，打造可持续发展模式

研究院深入贯彻新发展理念，坚持产品质量、安全生产和绿色生产三者协调发展道路，坚持把质量和效益放到突出位置，牢牢抓好安全生产工作；切实履行企业节能减排社会责任，加速推广绿色生产方式，积极开展技术改造，淘汰高耗能落后设备，实现全院各类污染物排放稳步下降，有力践行工业经济的可持续发展。

助力脱贫攻坚，发扬企业新时代"领头羊"精神

研究院发挥国有企业担当，高度重视履行企业社会责任，瞄准特定贫困群众进行精准帮扶，通过开展航天特色产业项目，培养当地专业人才，推动乡村振兴；向深度贫困地区聚焦发力，累计投入千万元以上，帮助定点帮扶地区建设基础设施，带动百户脱贫；坚持捐资助学，参与研制"西柏坡号"青少年科普卫星（八一02星），出资设立CAST（中国空间技术研究院）奖学金等，为全面建成小康社会、实现"两个一百年"宏伟目标增添新动力。

研究院将履行富国强军使命，以"高质量地保证成功、高效率地完成任务、高效益地推动航天强国建设和国防建设"要求为标准，圆满完成以国家重大工程为代表的宇航任务，实现航天技术应用产业跨越发展，助力国家第一产业、第二产业、第三产业深度融合，建成市场化、专业化、产业化、集成化、国际化的世界一流宇航企业，为航天强国建设和世界一流军队建设做出更大贡献。

科技战"疫" 领跑全球

中国生物技术股份有限公司

中国生物技术股份有限公司（以下简称"中国生物"）成立于1919年，是我国历史悠久、产品最全、规模最大，集科研、生产、销售以及研究生培养为一体的综合性生物制药企业，是《财富》世界500强企业中国国药集团有限公司的重要成员企业，中国生物制品行业的"国家队"。

政治建设的忠实践行者

中国生物深入学习贯彻习近平新时代中国特色社会主义思想，贯彻落实党的十九大和十九届二中、三中、四中全会精神，扎实推进党的建设各项工作，不断提高党建质量；积极融入生产经营工作，完成党和国家赋予央企的政治、社会与经济责任，始终致力于维护人民生命健康和公共卫生安全，在疾病防控、医疗抢救、战备救灾、援外工作和生物技术发展中发挥了重要作用，在降低我国传染病发病率和提高人民平均期望寿命等方面取得了许多重大成果。

科技战"疫"的全球领跑者

中国生物的产品几乎囊括了国内生物制品，近年来研发的脊髓灰质炎灭活疫苗、EV71型手足口病灭活疫苗先后上市，全球首创六价轮状病毒疫苗研制进入三期临床，四价流感疫苗和疫苗综合性技术研究开发大平台建设项目取得突破，中国生物成为中国新型疫苗的创新高地。在2020年新冠肺炎疫情阻击战中，中国生物是国内唯一在诊断、治疗、预防三条战线上全面出击并取得重大成果的科技抗疫主力军，实现了"八个率先"：一是生产的22重呼吸道病原体检测试剂盒率先排除了已知病毒，为确定本次疫情为新冠病毒感染探明了方向。二是率先研制的新冠病毒核酸分子检测试剂盒首批通过国家药品监督管理局认证和欧盟CE认证，列入世界卫生组织（WHO）应急使用清单。近期又研制出可同时检测七种冠状病毒的"七联冠"试剂盒和30分钟可出结果的快捷核酸试剂。三是率先提出并推动的康复者血浆治疗方法获得国务院应对新型冠状病毒感染肺炎疫情联防联控机制推荐使用。四是率先研制出治疗新冠肺炎特效药特异性免疫球蛋白，纳入应急药品使用和国家储备。五是率先获得全球首个新冠灭活疫苗临床试验批件。六是率先启动新冠灭活疫苗国际临床试验（Ⅲ期）。七是率先建成全球最大的新冠疫苗生产车间。八是率先获批疫苗紧急使用。

改革发展的不懈推动者

中国生物作为中国生物制品行业的领跑者，其产品布局覆盖人用疫苗、血液制品、医学美容、动物保健、抗体药物、医学诊断六大生物制品领域，是中国最大、全球第六人用疫苗研发生产企业；也是中国最大的血液制品企业，中国最早生产抗体药物的企业，中国最早研发、生产、销售医学诊断产品的企业。2020年以来，面对新冠肺炎疫情，中国生物克服困难，及时复工复产，上半年实现营业收入61.86亿元。加快科技创新步伐，单抗（单克隆抗体）药物研发取得里程碑式进展，动保大产品战略取得重要进展，建成中国首个企业自有疫苗追溯系统，持续提升产品质量，生物制品成品自检合格率100%，批签发合格率100%，质量事件"零发生"，确保中国百姓用上放心苗、安全苗、明白苗。

社会责任的有力担当者

中国生物始终把护佑人民生命健康放在首位，生产供应全国超过80%的免疫规划用疫苗，使得我国主要传染病的发病率和死亡率降幅达99%以上，同时减少了3亿各类传染病病例，为中国彻底消灭天花、有效消除脊髓灰质炎做出了卓越贡献。目前中国已经成为全球为数不多能自主供应所有免疫规划疫苗并有部分出口的国家。中国生物联手中国红十字基金会设立"丝路博爱基金"，连续投入600万元，服务"一带一路"倡议；按照中央定点扶贫工作精神，近年来帮扶资金总投入625.95万元，开展扶贫项目48个，先后助力7个对口扶贫村，实施危房改造、修缮道路等项目并通过验收；拨付扶贫资金为青海省玉树藏族自治州治多县购置医疗设备和车辆，助力甘肃省的两个村实现脱贫摘帽。投入69万元参与实施山西省吕梁山片区部分贫困县健康扶贫项目。打造了"中国生物公益季"活动，每年利用10个节日在全国40多个城镇开展送健康活动，擦亮了公益活动品牌。

投身于"三个地球"建设
助力国家工业转型升级

中国煤炭地质总局

在宏观经济下行压力加大、煤炭地勘业务日益萎缩的形势下，中国煤炭地质总局（以下简称"总局"）主动转型升级，突出创新驱动，首创提出了投身"三个地球"建设战略愿景，即以地质勘查技术为依托，全面加强地下空间探测，投身"透明地球"建设；以地理信息技术为依托，全面打造地质信息化产业平台，参与"数字地球"建设；以地灾治理、环境修复技术为依托，做生态文明建设的先行者，奉献"美丽地球"建设。

总局以"三个地球"建设战略愿景为指导，全面优化调整产业结构，积极打造了资源勘查、新能源资源开发、生态与环境、地理信息、地下工程建设、现代农业地质技术服务及辅助产业的"6+1"产业新布局，营业收入、利润总额连续三年保持两位数增长，连续三年超过央企平均水平，为国家工业转型升级贡献了力量，逐步走出了一条符合新时期煤炭地勘企业管理创新之路。

投身于"透明地球"建设，保障国家能源粮食安全

贵州省贵阳市开阳县，34台钻机高高耸立，无论严寒酷暑，中煤地质人日复一日地翻山越岭，穿梭于钻机之间，进行着编录、测斜、测井温的工作，紧张忙碌而又井然有序，终于在三年后提交了一份地质报告，8.01亿吨高品位磷矿石资源揭开了它神秘的面纱，这是总局秉承"三光荣""四特别"精神，致力于地质找矿工作的一个缩影。

近年来，总局在坚持主责主业的基础上，紧紧围绕国家"六稳""六保"要求及"西部大开发"战略、"一带一路"倡议等推进及实施带来的能源、矿产资源需求结构变化，积极开展固体、液体、气体矿产勘查以及钻探工程、地球物理化学勘查等与地质找矿相关联的资源勘查工作，同时注重市场需求，不断加强地热、煤系气等新能源资源的开发。先后提交地质报告千余份，新发现并探明煤炭资源储量1325亿吨、煤田26个，其中8个为适宜建设开发的百亿吨级特大型煤田；探明了磷矿、铁矿、岩盐、铅锌矿、叶蜡石矿、金矿、石英矿、锰矿等大量能源矿产与战略矿产资源；在内蒙古自治区发现了超大型铀矿床和厚度达10.8米的纯岩盐资源，改变了内蒙古自治区缺乏深海岩盐资源的状况；在福建省探明的叶蜡石矿藏资源量达4000万吨，成为我国最大，储量占全国已探明叶蜡石矿藏储量的1/3。实现了中深层地热"取热不取水"关键技术的突破，引领了中深层地热能产业开发利用。

投身于"数字地球"建设，引领煤炭产业数字化发展

近年来，总局围绕投身"数字地球"建设理念，积极促进传统煤炭地质科学同现代信息技术深度融合。自主研发的"基于机载LiDAR（激光雷达）点云的综合测图系统与应用"打破了国外软件在LiDAR数据处理领域的长期垄断。在国内外首创"航空摄影质量自动检查系统"，有力推动了地理信息产业智能化发展。

在行业内，总局率先建成基于流程化、标准化，由统一门户、协同办公、业务支撑和管理支撑四大平台集约建成的综合管理平台系统，实现"搭建平台、固化体系、深化融合、提升管理"的信息化系统总体目标。

——创新项目管理模式。总局建成丰富的ERP（企业资源计划）与PLM（产品生命周期管理）集成系统平台，提升成本精细化管控能力；积极打造智慧工地平台，建立基于VR（虚拟现实）技术的建筑安全体验平台，在陕西省榆林市杨伙盘煤矿，建立覆盖全网络平台、生产自动化、安全监控、信息处理等各方面的一体式综合智慧矿山管理系统，荣获煤炭工业两化深度融合示范项目。

——搭建智慧党建平台。总局运用云计算、大数据和移动互联网技术，推进各党支部、党小组党建工作的规范化开展，结合VR技术拓展党建学习教育内容和模式，有效解决地质勘探和建筑施工生产一线不方便开展党建工作的问题。

投身于"美丽地球"建设，打造生态文明建设国家队

山西省太原市白家庄煤矿，入眼处郁郁葱葱，通幽小径依山而建，环保理念在绿水青山间体现得淋漓尽致，经过中煤地质人巧夺天工的修复整治，破败老矿区"摇身一变"，有了崭新的面貌。利用自身技术优势，总局实施矿山生态环境恢复治理，积极参与生态文明建设，这是总局为产业转型升级绘就的宏伟蓝图。

近年来，总局围绕煤炭安全绿色开采开展技术攻关，积极为构建"清洁、低碳、安全、高效"的现代能源体系提供支撑。研究开发了国内领先的解决煤炭开采导致地面塌陷的新型覆岩离层注浆技术，作为支撑矿山安全高效绿色开采的地质保障技术体系，不仅能有效地解决地面沉降、塌陷及煤矿开采导致的土地破坏等问题，还可以广泛应用于开采高速公路、铁路、输电设施等压覆下的煤炭资源。

同时，总局在矿山治理中创造性地提出了"边开采、边治理、边返还（治理保证金）"的"三边"模式；承揽了包括浙江省规模最大的矿山复绿项目在内的多项生态环境治理工程及青海省木里矿区采坑、渣山一体化治理工作；在北京市多个地区开展废弃矿山生态环境修复治理工作，先后参与了四川省绵阳市北川羌族自治县泥石流治理工程、三峡库区塌岸防护和滑坡治理、南水北调边坡防护等重点工程；在贵州省黔东南苗族侗族自治州鱼洞河项目施工中，通过"源头＋末端"的综合治理方法，首创形成一套系统的西南喀斯特地区水环境治理模式；开展了长江中游磷、硫铁矿基地矿山地质环境评价工作，为长江

中游地区生态评价与环境保护提供了重要支撑；在国内率先开展对汞污染耕地的调控工作，致力于成为生态文明建设的国家队和主力军。

展望未来，总局将以习近平新时代中国特色社会主义思想为指导，坚持新发展理念，加强科技创新，发挥自身专业技术优势，牢牢把握新时代我国煤炭地质工作的重大需求，推动企业转型升级；牢牢把握新时代我国煤炭地质工作的发展方向，将产业不断做强做大做优；牢牢把握新时代我国煤炭地质勘查行业的改革目标，彻底改革机制体制；牢牢把握新形势下加强国有企业党建总要求，全面加强党的建设。努力践行"绿水青山就是金山银山"理念，不断开拓创新、拼搏进取，围绕"11463"总体发展战略，投身"透明地球、数字地球、美丽地球"建设，以高质量发展助力中国工业转型升级，当好国家能源与粮食、矿产资源的保障者，为打造具有核心竞争力的世界一流的地质与生态文明建设集团目标而努力奋斗。

民族品牌构建"国内国际双循环"发展新格局

好孩子集团有限公司

好孩子集团有限公司（以下简称"好孩子"）于1989年在江苏省苏州市昆山市创立，从一个倒闭的校办厂发展成为今天的全球儿童用品行业的领导者。31年来，好孩子践行了习近平总书记"三个转变"的思想，构建了"国内国际双循环"的新发展格局。

享誉全球的"好孩子"

好孩子在创新、质量和标准的制高点上打造了世界名牌。国际众多政要名流及体坛精英都是好孩子的忠实粉丝，如美国前总统女儿、芬兰女总理，以及足球运动员罗纳尔多和贝克汉姆等。好孩子在中国、北美、欧洲地区的市场占有率分别连续27年、21年、14年保持第一。

享誉全球的好孩子还是国际标准的制定者。目前好孩子的企业标准远高于欧美各国的国家标准，如婴儿车动态耐久性是欧盟标准的2

倍以上；有毒有害物质控制种类是欧美法规规定种类的15倍。好孩子是国际标准化委员会ISO/PC 310的秘书处和主席单位，完成了行业第一个国际标准的制定，主导或参与制定国内外标准达207项，多次获得中国标准创新贡献奖。好孩子拥有世界领先的检测中心，是中国3C认证（强制性产品认证制度）指定实验室、美国消费品安全委员会（CPSC）认可实验室和欧盟授权的检测认证机构。

全球行业创新的"引领者"

好孩子坚持原创31年，不断"自己打倒自己"。在全球拥有7大研发中心、600多名研发人员，累计创造专利10612件，远超全球竞争对手前5名的总和，在中国、美国、日本及欧洲进行的专利维权诉讼157宗，全部获胜。好孩子拥有国家认定的企业技术中心和工业设计中心，是国家知识产权、技术创新和品牌培育的示范企业，获得世界级工业设计大奖39项。

儿童汽车安全座是汽车行业的一个品类，具有高技术、高风险的特点。在这个品类上，多年来好孩子引领着世界发展方向。好孩子自主发明的GBES宇航级吸能技术颠覆了世界行业标准，吸能效果是欧美标准的2.56倍。在世界最权威的德国ADAC（全德汽车俱乐部）测评中，好孩子囊括了儿童汽车安全座10个组别的全部冠军。

好孩子致力于新材料、新技术、新工艺在母婴行业的应用，先后承担省部级以上科研项目12项，不断取得突破并创造多个世界第一，例如最小折叠婴儿车、第一辆碳纤维婴儿车、第一辆智能婴儿车、第一台智能汽车安全座、第一张智能婴儿床。

好孩子确立了"质量第一、零缺陷、零容忍"的质量文化，建立了"极致质量管理模式"。融合了汽车行业和食品行业的质量体系，利用信息化平台对全球销研产服供各环节严格管理和全程监控，保证了产品的绝对安全和用户的极致体验。曾荣获中国工业大奖表彰奖、制造业单项冠军、中国质量奖提名奖、首届省长质量奖、首届市长质量奖、全球卓越绩效奖（原名亚太质量奖）第一名、全国质量奖、2019年首届欧盟产品安全奖。

好孩子的5个制造基地、11个工厂建立了数字化、信息化与工业化高度融合的管理体系，拥有无人车间、智能检测、柔性化制造等设施，获国家级信息化和工业化深度融合示范企业及两化融合示范企业称号，是互联网与工业融合创新试点企业。

国内国际双循环的"探索者"

好孩子于1994年进军国际市场，通过走完从中国冠军到世界冠军、从隐形冠军到显形冠军、从中国企业到全球化企业三大步完成全球化。建立了以中国、德国、美国三大母市场为轴心，辐射全球的经营平台。好孩子充分整合全球资源，形成了国内国际双循环相互促进的新发展格局。

好孩子获得国家领导人的鼓励，2017年11月7日，集团创始人和董事长宋郑还应邀到中南海参加李克强总理主持召开的经济形势专家和企业家座谈会并发言。

好孩子2019年的销售收入为143亿元，比2018年增长18.2%，利润增长45%。2020年，面对新冠肺炎疫情的挑战，公司加速数字化转型、产业链优化，6月开始恢复了增长势头，截至8月累计销售收入和利润同比分别下降9.1%和11%。好孩子正在通过数智化、平台化打造全球育儿生态圈，实现企业创立时的初心：关心孩子、服务家庭、回报社会！

新一代高性能雷达核心模块（数字收发组件）铸就"三军之眼"

中国电子科技集团公司第十四研究所

中国电子科技集团公司第十四研究所（以下简称"十四所"）始建于1949年，是我国雷达工业的发源地，是一所从事国家战略产业并处于领先地位的国家核心骨干研究所，具有引领国内、位居世界前列

图1　中国电子科技集团公司第十四研究所

的预警探测技术创新能力，可与法国泰雷兹集团、美国雷神公司等国际巨头同台竞技。建所70年来，十四所始终走科技创新之路，研制了我国第一部微波雷达、第一部相控阵雷达、第一部出口型雷达等诸多"第一部"雷达。十四所研制的雷达装备被誉为"三军之眼、国之重器"，代表了我国雷达预警探测装备领域的最高水平，提供了国家陆海空天绝大多数预警探测骨干装备，出口数十个国家，国内市场占有率和雷达出口始终处于中国雷达行业第一位。

雷达是用无线电的方法发现目标并测定它们的空间位置，担负着

图2 中国雷达工业发源地

目标的全天候侦查监视、对大规模武器的探测与跟踪、隐身目标的探测与识别等任务，被称为"千里眼、顺风耳"，直接影响对战场信息的控制权。有源相控阵雷达（以下简称"相控阵雷达"）在高速运动目标观测、多目标跟踪、高精度分辨等方面具有特别的优势，是最新一代高性能雷达。

不懈创新，实现中国相控阵雷达零的突破

数字收发组件（以下简称"收发组件"）是相控阵雷达的基本组成单元，每个收发组件均可以独立地发射和接收电磁波，并进行数字化转换处理，实现目标的快速识别。每部相控阵雷达均由数百乃至数万个收发组件组成，其经济价值量达到雷达阵面总价值的60%以上，是雷达系统中最为核心的模块。20世纪80年代，西方国家打压我国收发组件技术研发，以此阻止我国雷达工业的发展。没有性能优异的收发组件，中国雷达就会在体制上落后于世界。在这种形势下，十四所急国家之所急，自主开展收发组件研制攻关，突破众多重点技术，陆续研制出大型相控阵远程预警雷达、机载脉冲多普勒火控雷达、预警机雷达"空警2000"等诸多国家的"第一部"雷达，填补了我国在雷达领域的空白。

勇立潮头，步入收发组件高质量发展征程

立足新起点，开启新征程。十四所构建了以2名中国工程院院士领衔的创新特区（含2个国家级重点实验室、1个国家级创新中心

和1个国家级智能制造示范车间），始终引领着国内收发组件的技术发展方向，水平已与欧美国家持平甚至领先。70名重点领域领军人才，以及由1100余名电讯、结构、工艺设计师（其中博士、硕士占90%以上）组成的研制团队，积极探索国际前沿技术，大幅提升收发组件设计能力；创新性地将数字化样机贯穿于收发组件研制的全生命周期中，使收发组件研发周期从2～3年缩短至1年；瞄准未来发展趋势，积极推动高密度微组装、微系统集成等最尖端工艺技术成果的应用转化；建成国内工艺门类最全、技术水平最高、生产规模最大、制造模式最先进的智能组件车间，为收发组件研制提供源源不断的创新动力。十四所研制的数十个谱系收发组件产品，累积生产的数百万以上通道，装备于国产航母、新型驱逐舰、新一代战斗机、星载雷达、反隐身情报雷达等系统中，极大地促进了我国军事实力的飞跃。

十四所牢记习近平总书记"向科技创新要战斗力"的指示，始终坚持党对国有企业的领导，加大创新驱动特别是国防科技创新的落实力度，充分激发企业活力与创造力，为十四所把握科技发展新机遇创造条件。

面向装备实战与高效高质量研发需求，十四所所长胡明春基于长期工程实践，结合基于模型的系统工程（MBSE）理念，提出了雷达工程全生命周期的统一建模规范和状态映射准则，通过数字化产品模型，建立面向全生命周期的结构化管理流程，保证研发、试制、试验与保障各环节达成统一，使产品设计、工艺、制造能力相互匹配、相互验证，实现研发模式转型，有效提升了雷达装备质量水平和作战效能，为我国雷达工程与装备体系建设做出了重要贡献。

图3　胡明春所长2018年荣获国家科学技术进步奖一等奖

国家利益在哪，我们就要看到哪，对手在哪，我们就要看到哪。十四所将秉承出现，继续奋斗，瞄准国际一流创新型电子信息领军企业的建设方向，切实履行习近平总书记"能打仗、打胜仗"的要求，把科技创新写在祖国的蓝天碧海之间，为强军兴军事业做出更新更大的贡献。

打造装备制造世界级品牌

三一集团有限公司

三一集团有限公司（以下简称"三一集团"）始创于1989年，是一家以"工程"为主题的装备制造企业，业务涉及混凝土机械、挖掘机械、起重机械、路面机械、煤炭机械、港口机械、海洋工程等装备制造领域。旗下拥有三一重工（SH，600031）和三一国际（HK，00631）两家上市公司。目前，三一集团在长沙、北京、上海、沈阳、昆山、乌鲁木齐等地建有产业园，员工超过35000人，已发展为中国最大、全球前五位的工程机械制造商。2020年1—9月，三一集团实现销售额约980亿元，同比增长近30%；利润总额约175亿元，同比增长近50%。

品牌地位愈发强劲，经营质量世界领先

三一集团是国际知名的工程机械品牌，其混凝土机械是全球业内第一品牌，是全球最高泵送纪录保持者；挖掘机械6吨以上产量位居世界第一,连续9年为国内销售冠军。煤炭机械、桩工机械、履带起重机械、移动港口机械、成套路面机械均是中国第一品牌。2019年三一集团销售额破千亿元,旗下上市公司三一重工的人均产值、收入增长率和利润率等经营指标,均超过美国卡特彼勒公司和日本小松制作所,处于全球工程机械行业领先水平。2019年《日本经济新闻》称三一集团跻身"全球工程机械三强"。

创新驱动持续加码,研发成果显著

三一集团始终秉承"一切源于创新"的理念,不断加大研发投入和核心技术研究,致力于生产世界最高品质的工程机械产品。曾被评为《福布斯》全球最具创新力百强企业、《财富》最具创新力的中国公司等。三一集团每年将销售收入的5%左右投入研发工作,形成集群化的研发创新平台。目前三一集团拥有2个国家级企业技术中心、1个国家级企业技术分中心,3个国家级博士后科研工作站、3个院士专家工作站。累计申请专利12957项,授权10146项,均居行业第一位;荣获5次国家级科学技术大奖,4次中国专利金奖;具有多项标志性产品:吉尼斯世界纪录认证的86米世界最长钢制臂架泵车、全国最大4000吨履带式起重机、亚洲首台1000吨全路面起重机;抢先布局无人化、电动化:全球首款5G(第五代移动通信技术)遥控挖掘机、无人电动搅拌车、电动自卸车、无人压路机、电动正面吊。

持续推动数字化和智能制造转型升级

三一集团抱着"要么翻身，要么翻船"的决心，持续推动数字化和智能制造转型升级。三一集团的工业互联网平台，被称为中国实体经济的"晴雨表"，目前已有超过49万台设备接入平台，覆盖45个国家和地区。厂内超过8300台设备已连接平台，设备利用率提高20%。开发各类数字化大屏，致力于实现"一切业务数据化"和"一切数据业务化"。三一集团长沙产业园的18号厂房是亚洲最大、最先进的智能车间，是国家首批智能制造试点示范企业。全面规划并启动建设十大"灯塔工厂"，项目预计产能提升50%，人力需求减少60%，场地压缩30%，实现企业管理者、研发人员、生产人员的大协同。

国际布局全面，海外出口稳步增长

三一集团自2002年起开始进军国际市场，致力于成为"一带一路"建设领军企业和工程机械行业的国际化标杆。目前三一集团拥有13家海外制造工厂，322家海外代理商，业务覆盖150多个国家和地区。2019年海外销售额达162亿元，超过70%的海外销售额来自"一带一路"沿线国家和地区，在24个沿线国家和地区市场地位排名第一。

践行社会之责大于企业之利

自新冠肺炎疫情暴发以来，三一集团全力支持国家抗疫行动。派出106台三一集团设备与50多名服务人员勇敢逆行，火速驰援武汉火神山医院、雷神山医院建设；全球紧急采购超过2200万元的医疗物资支援国内抗疫一线。当海外疫情愈演愈烈之时，三一集团第一时间捐赠300万只口罩及各类医疗物资，飞援全球30多个国家和地区，获得全球点赞。在救援救灾方面，三一集团装备和三一人永远冲锋在前，如在中国汶川地震、日本福岛核泄漏、智利矿难等多次重大灾难面前都做出了巨大贡献。在精准扶贫方面，三一集团于2013年成立了基金会，长期开展公益扶贫项目，每年投入近1000万元，用于扶贫助学、采购扶贫、助教扶贫等；积极参与中国光彩事业怒江行和新化行的项目，投入1000余万元用于资助。

跨越"千亿"新起点，三一集团紧抓中国梦和第四次工业革命这两大旷世机遇，坚实推进"双化"战略，力争为中华民族贡献一个世界级品牌。

航空报国　航空强国

中国航空工业集团公司成都飞机设计研究所

　　中国航空工业集团公司成都飞机设计研究所（以下简称"航空工业成都所"）隶属于中国航空工业集团有限公司，主要从事战斗机研究设计工作，是我国重要的战斗机总体设计研发单位。自 1970 年成立以来，一直以满足国家捍卫主权、政权和发展利益的国防建设需求，提供满足作战需要的航空武器装备为己任。

　　航空工业成都所先后成功研制了我国第一型全天候第二代战斗机——歼 7-C/D，自主研制了我国第一型第三代战斗机——歼-10 和第四代战斗机——歼-20。歼-20 战斗机的列装标志着我国成为世界上第二个能够独立研制并装备第四代战斗机的国家。

　　面对新的发展形势，航空工业成都所研制的系列侦察、打击无人作战装备已经形成了我军的新质作战力量，也使我国在无人机技术领域跻身世界先进行列。经过近 50 年的持续创新，航空工业成都所已经构建起以"猛龙""枭龙""威龙"为代表的"龙"系列战斗机品牌，为我国的政治、军事、外交、经济和社会发展做出了应有的贡献，以"枭龙""翼龙"为代表的军贸产品已经成为中国制造走向世界的一张新名片，也为国家实施"一带一路"倡议打下了坚实基础。

在研发体系建设方面，航空工业成都所按照"精益研发、敏捷管理、精准保障"的要求持续改进提升，建立了以多学科、多专业、数字化协同设计仿真分析为代表的精益敏捷研发体系，首次采用全数字三维设计/制造手段实现了100%无纸化设计制造，显著提高了研发设计的效率和质量，建立起有效的多状态、多批次技术状态管控模式，创新产品质量保证与控制，为部队的战斗力生成提供及时精准的服务保障。

通过技术创新驱动，航空工业成都所带动产业升级，拉动经济增长，近10年里辐射带动了2500亿元以上的产业发展，突破了超厚铝板、超大钛合金结构关键技术，填补了我国战斗机隐身材料的空白，引领了现代装备产业、电子信息产业的提质增效和转型升级，带动了航空、航天、兵器、电子、化工等行业以及科研院所、高校及民口企业等数千家企事业单位和科研院所的创新发展。

经过多年的创新实践，2006年航空工业成都所歼-10研制项目荣获国家科学技术进步奖特等奖。2007年和2019年分别获得第十四届和第二十五届国家级企业管理现代化创新成果管理一等奖。2018年以复杂航空装备研制质量管理实践经验总结形成的"611质量管理模式"被授予第三届中国质量奖。2018年"翼龙Ⅰ"无人机系统项目荣获第五届中国工业大奖表彰奖。2020年，"升力体边条翼鸭式布局飞机"外观

设计专利获第二十一届中国专利奖外观设计金奖。航空工业成都所还先后被授予全国五一劳动奖状、国防科技工业集体金奖、中央企业先进基层党组织、全国企业文化建设优秀单位和军工创新文化示范单位等荣誉称号。

此外，航空工业成都所积极履行央企社会责任，长期赞助未来飞行器设计大赛，坚持举办航空科普巡展，支援"5·12"地震灾区应急救灾及灾后恢复重建。率先在航空同类科研院所开展雇主品牌建设工作，通过每年举办大学生开放日等活动，吸引优秀人才投身于国防事业。经过型号研发设计的锤炼，航空工业成都所打造了一支追求卓越的团队。2020年4月，战机换发技术攻关团队荣获中国共产主义青年团中央委员会、中华全国青年联合会授予的中国青年五四奖章集体称号。

50多年来，航空工业成都所一直秉持"航空报国，航空强国"的理念，致力于建设引领航空和空天技术发展、具有卓越国际竞争力的创新型智慧研究所。在2020年新冠肺炎疫情暴发的情况下，航空工业成都所精心策划组织，于2月1日组织重点项目团队全面复工复产，奔赴试验现场，确保科研生产顺利开展和"十三五"规划圆满收官。此外，"翼龙"无人机集成移动5G应急通信设备，先后在鄱阳湖、祁连山、贵州省安顺市、四川省凉山彝族自治州等地执行应急管理部和中国气象局部署的抗洪抢险、森林防护、人工增雨等专项任务，拓展民商应用，服务公共事业，促进国防科技与经济社会协调发展。

中铁工程"三个转变"
走上高质量发展之路

中铁工程装备集团有限公司

中铁工程装备集团有限公司（以下简称"中铁装备"）是我国盾构/TBM（硬岩隧道掘进机）产业的开拓者和领军者，也是目前我国盾构/TBM行业拥有核心技术最多、产品种类最全的装备综合服务商。2014年5月10日，习近平总书记视察中铁装备，做出了"推动中国制造向中国创造转变、中国速度向中国质量转变、中国产品向中国品牌转变"的重要指示。中铁装备积极深入贯彻落实习近平总书记"三个转变"指示精神，下线盾构机现已突破1000台，并突破多项技术难题，综合实力位居中国第一、世界第二，市场占有率连续8年保持国内第一，连续3年产销量保持世界第一。

立足"中国创造"，用科技创新筑牢高质量发展的自主性

中铁装备年均研发投入占比6%以上，并逐年上升，累计投入超

15亿元。承担了国家"863计划"课题5项、"973计划"课题2项，国家重点研发计划课题7项；累计获得授权专利982项，其中国外发明专利8项，国内发明专利206项；针对轴承、密封、大泵车量泵等"卡脖子"难题，发扬"钉钉子"精神，开展联合攻关，建成了盾构/TBM主轴承减速机工业试验平台，目前一批关键部件、元器件已开始替代进口件，首台使用国产主轴承新机已于2020年9月应用于江苏省苏州市地铁；开展了集成产品开发管理（IPD）变革，建立了"让技术研发与新产品开发的效率更高、质量更高，与投资、成本、定价的关联度更好、更科学"的集成设计研发管理体系；主参编国家、行业标准24项，推动了中国掘进机行业的规范化发展；荣获国家科学技术进步奖2项，中国专利金奖1项。

致力"中国质量"，用科学管理增强高质量发展的持续性

一是优化产品供给结构管理，提升经营质量。中铁装备用前瞻性、首创性的新工法、新装备，培育、创造客户需求。其中，研制了世界首台马蹄形盾构机，开挖效率是传统矿山法的4倍，荣获国际隧道界最高奖——国际隧道协会2018年技术创新项目奖。

二是实行全生命周期管控，严抓产品质量。引入了先进的3D（三维）设计软件，把牢设计源头质量；固化工序实名制，实行质量一票否决制，狠抓工艺管理和"6S"精益化，引进工业机器人，强化过程质量管控；建立"现场—设计—生产"反馈沟通机制，促进品质的持续提升。

三是秉承"大服务"理念，保障服务质量。在国内设立七大片区技术服务中心，在新加坡、德国等国家建立海外服务中心，为客户提供"5S""无国界"标准化服务；建立盾构/TBM施工信息远程监控平台，实现故障预警和7×24小时无间断响应。

着眼"中国品牌"，用品牌效应放大高质量发展的普惠性

一是打造国企党建品牌，发挥政治优势。中铁装备党委首创"蜂巢式"党建，打造新时代一流国企党建品牌，成果荣获全国国企管理创新成果一等奖。

二是响应"一带一路"倡议，服务海外市场。在海外实施"中铁装备＋维尔特"双品牌战略，服务"一带一路"沿线建设，出口新加坡、法国、意大利等21个国家和地区，打破了国外同行对欧洲高端市场的垄断。2019年海外业务占比达13%，其中在新加坡市场占有率达60%。

三是提高品牌定位，强塑品牌形象。经权威机构评定，中铁装备品牌价值为49.27亿元，是国内隧道掘进机行业第一品牌；打造了企业品牌、产品品牌、文化品牌、党建品牌、服务品牌、人物品牌、品牌传播、品牌创建的"八大"品牌生态体系。

四是践行央企社会责任，造福社会公众。制定了对外捐赠的"同心圆"公益基金五年规划，在一些大学针对贫困优秀学生设立奖学金，助力精准扶贫；疫情期间第一时间建立了新冠肺炎疫情防控体系，有序复工复产，提前做好了境外防疫的应对准备，实现了国内外无一例

员工感染，同时积极支援了河南省的口罩生产线建设和武汉抗疫，力所能及地向海外合作伙伴援助了防疫物资；积极参与"工业旅游"项目，发挥了科普教育和凝聚爱国力量的作用。

2019年，中铁装备实现产值80.18亿元，主营业务收入45.5亿元，利润总额5.41亿元。2020年1—6月，实现产值44.83亿元（同比增长25.05%），主营业务收入24.62亿元（同比增长15.59%），利润总额4.08亿元（同比增长15.39%）。

打造高质量发展的央企样板

中国中材国际工程股份有限公司

作为中国工业领域的一员，肇始于2001年的中国中材国际工程股份有限公司（以下简称"中材国际"）凭借核心优势在较短的时间内发展成为一家海外市场份额超过60%的跨国企业，连续12年保持全球市场份额第一。

创新是中材国际的灵魂和发展源泉。近20年来，中材国际一直专注于水泥工业技术的自主创新和技术突破，拥有与联合国工业发展组织共同创建的亚太地区唯一的国际水泥机构中国发展中心、行业唯一的国家水泥节能环保工程研究中心、2个博士后工作站、国家企业技术中心5个国家级创新平台。获得国家科学技术进步奖二等奖3项，尤其是在新型干法水泥技术领域的突出贡献备受瞩目，通过引进、消化吸收、自主研发创新，将中国水泥行业从立窑、湿法窑全面改进为当前主流的新型干法生产工艺，推动水泥工业向集约化、高质量的现代化工业迈进。目前中材国际在国内建设了近1200条生产线，承接了90%

以上的新型干法水泥生产线建设。

科研成果产业化的日新日高，带动了中国水泥技术装备的迅猛发展。中材国际成立至今，已经自主研发了从矿山开发、破碎到产品生产运输的全流程专业装备近万台（套），填补了国内技术空白，有力推动了中国水泥技术工业装备从依赖进口转变为全面国产化。从这个角度来说，中材国际所代表的中国水泥技术装备标准化建设完成了从"起步探索期"到"全面提升期"的跨越，显著支撑了中国水泥技术工业的科研产业化、产业标准化飞跃，使得产业结构调整和升级从梦想变成现实。

中材国际积极响应国家绿色发展战略，扎实践行"绿水青山就是金山银山"的发展理念，以近千项的标准和专利覆盖整个行业，助力中国水泥工业的高质量发展，坚持集约化、绿色化、智能化、高端化发展方向，致力于打造"能效领跑、绿色低碳、数字智能"的全球示范生产线，有力推动了水泥行业向"绿色智能"转型发展。

中材国际自2002年实施"走出去"战略，6年后海外市场份额首次超越欧美同行业巨头，此后一直保持世界第一的业绩，毫无疑问成为中国工业"走出去"高扬的旗帜。截至目前，中材国际在74个国家和地区承建了234条海外水泥生产线、66个粉磨站，为37条生产线提供生产运维服务，海外合同金额累计近2600亿元，海外业务占比超过70%。伴随"走出去"战略的深度实施，中材国际向全球展示了中国水泥工业的先进水平，全面带动中国技术、中国标准和中国装备走出去，承建的诸多海外大型项目设备国产化率近100%，实现了从"中国制造"到"中国创造"的飞跃，在彰显中国工业全球竞争力的同时，也一举将中国从全球水泥技术装备最大进口国转变为最大出口国。深度"走出去"、硬度"站住脚"、高度"图发展"、保持"可持续"的中材国际，努力推进国际化进程，加快融合发展、促进持久和平，向着构建人类命运共同体的目标不断迈进。

中材国际积极响应"一带一路"倡议，深耕"一带一路"沿线市场，在亚洲、非洲、欧洲、南北美洲（含"一带一路"沿线国家和地区）近80个国家和地区承建水泥生产线、粉磨站，签约金额近900亿元，积极改善了当地基础设施条件，促进了当地经济发展。

中材国际以打造水泥工业领域世界一流品牌为目标，始终秉承锲而不舍、精益求精的工匠精神，在海内外打造了一个个精品工程，树立了一座座水泥工业丰碑，向全球市场亮出了一张张"国家名片"，以卓越的工程品质和服务质量建立了工期短、履约强、质量高、服务佳的品牌形象。承建的项目有的被美国电影《速度与激情7》作为拍摄现场，有的被誉为"欧洲最美的花园工厂"，有的被赞誉为"金字塔第二"，有的被国际主流媒体奉为"奉献财富的绿洲"。凡此褒奖，无不昭示中材国际业已成为国际水泥工业市场最具影响力的品牌。

砥砺前行，求实创新，中材国际已经成为行业整合的领军者、产业升级的创新者、国际产能合作的开拓者，体现出中国央企的使命和担当。未来，中材国际将牢牢抓住新科技革命和工业革命带来的战略机遇，推动中国水泥工业由规模扩张型增长转向创新驱动型发展，加快绿色低碳、高质量、可持续的发展步伐，并以新一代自主技术、高端制造进一步惠及全球水泥工业，打造世界级工业标杆。

产金报国 打造世界一流黄金企业

山东黄金集团有限公司

山东黄金集团有限公司（以下简称"山东黄金"）成立于1996年，在职员工2.5万人，是一家以黄金矿业为主，具备勘探、开采、选矿、冶炼、销售及设计、装备制造等完整产业链的国有大型骨干企业。2017年以43.93吨的黄金产量成为"中国第一产金企业"；2019年黄金产量47.94吨，成功跻身全球产金企业第10位。

近年来，中国黄金行业发展迅速，连续13年黄金产量位居世界第一。山东黄金以"产金报国"为己任，以新时代中国特色社会主义新型工业化道路为指引，走出了一条绿色、可持续的高质量发展之路，产金量连续3年位居中国第一，黄金产量年均复合增长率达4.5%，是国内唯一拥有3座矿山、累计产金突破百吨的企业。

"十三五"以来，山东黄金生产经营业绩实现了连年增长，综合发展实力持续提升，2019年利润总额为28.37亿元，近3年年均复合增长率为30.6%。特别是2020年一季度，在全国矿产金同比下降10.93%，劳动力极度缺乏、物资供应极度紧张的情况下，山东黄金通过超前布局疫情防控和严密的生产组织，实现了零疫情和生产经营首季开门红，成为全国唯一实现黄金产量、营业收入、利润总额同比增长的大型黄金集团。

山东黄金始终秉持"资源为先"的经营理念，着力打造世界级黄金生产基地，2017年完成了4006.17米的中国岩金勘查第一深钻工程。探获550吨世界级巨型单体金矿床（西岭金矿床）和133吨特大金矿（南吕—欣木金矿），所属四大核心矿山位于世界第三大金矿富集区。截至目前，山东黄金拥有采矿权、探矿权合计361个，保有金金属量2000吨、银金属量2446吨、铅锌金属量256万吨，以及铜、钼等各类资源，总价值突破万亿元。

山东黄金拥有世界领先的海底大型金属矿床开采专利技术，综合选冶回收率达到92%，远高于83%的国内行业平均水平；冶炼回收率达到98%以上，为国内全行业最高水平；矿山装备机械化、自动化水平业内领先，提升、通风、排水、供电、压风等均实现了无人值守。山东黄金高度重视质量和品牌管理，主持或参与制定各类国家标准21项；实现了质量、环境、安全三体系认证；是上海证券交易所首批认证的全国"可提供标准金锭企业"，所生产的产品被定为国际金银市场优质产品；产品纯度达到99.999%。

山东黄金始终坚持以科技创新驱动企业发展，科技投入和研发支出年均增长10%以上。拥有2个国家级、3个省级、5个企业级研发平台，成立了全国黄金行业首家"智库"；承担或参与18项国家重点科技项目；荣获国家二等以上科学技术进步奖5项，省部级以上奖励262项；获授权专利433项；投入5亿元打造国际一流示范矿山，率先通过"5G+工业物联网"，实现了井下设备的无人驾驶和远程操控。

作为国内生态矿业的首倡者与实践者，山东黄金坚持实施"零工亡、零重大环境污染事故"的"双零"战略，安全、环保投入每年递增15%以上；率先制定了生态矿业绿色矿山建设规范和建设规划；所属矿山中21座被评为国家级绿色矿山，另有11座已建设完成并达到标准，冶炼企业全部进入工业和信息化部绿色工厂名录，3家地勘公司全部实现绿色勘查。

山东黄金聚力转型升级，积极深化国企改革，成为山东省一级企业中唯一一家被国务院国有企业改革领导小组确定的"双百行动"企业。山东黄金坚定不移地实施"走出去"战略，坚持走与世界顶级黄金公司合作和并购优质资源的发展之路。2017年，成功并购阿根廷最大金矿——贝拉德罗金矿50%权益；与巴理克黄金公司达成全球范围内优质资源的战略合作，并相互交叉持股。2020年与加拿大特麦克资源公司视频签约，收购其100%股权，开启了世界著名黄金产区——加拿大的大门。山东黄金紧紧抓住全球产业链重构带来的机遇，以"一带一路"为发展轴，不断强化产业链延伸，通过金融服务和黄金产业的深度融合，建设黄金产业金融中心，着力打造具有国际影响力的非标黄金贸易集散地，全国最大的非标黄金要素市场。

山东黄金玲珑金矿13万两黄金送延安的革命壮举，经过几代"山金人"的薪火传承，形成了独具特色的"山金文化"，曾多次获得全国企业文化建设优秀单位、中国企业管理榜优秀文化企业、山东省优秀企业文化品牌等荣誉，建成了全国黄金行业首个红色教育基地——山东黄金玲珑红色教育基地。

在实现企业发展的同时，山东黄金积极履行社会责任、践行国企担当，多次荣获中国慈善事业最高荣誉"中华慈善奖"和"中华慈善突出贡献奖"等。企业年均纳税30亿元，助力脱贫攻坚、支援抗震救灾、支持疫情防控等公益事业累计投入30多亿元，员工人均收入每年增长10%以上。

未来，山东黄金将继续秉持"产金报国"的初心，向具有全球竞争力的世界一流黄金企业阔步前行。

为祖国输油气　为人民送福气

国家管网集团西部管道有限责任公司

　　国家管网集团西部管道有限责任公司（以下简称"西部管道公司"）在西部大开发中应运而生，乘"一带一路"东风发展壮大，肩负起"为祖国输油气　为人民送福气"的神圣使命。西部管道公司以习近平新时代中国特色社会主义思想为指引，坚决走中国特色新型工业化道路，坚持"思想建党、政治建企、打造铁军、创新发展"的总体原则，扎根戈壁、沙漠、高原，率先建成西部油气能源战略通道，相继建成投产运行西部原油成品油管道和西气东输一线、二线、三线西段等一批国家重点管道工程，开启了新时代地下"丝绸之路"。西部管道公司资产1386亿元，管道里程、输送能力、创效水平居国内行业首位。累计输送油气当量9亿多吨，相当于搬运了18个"大庆油田"，在保障国家能源战略安全方面发挥了央企的重要作用。西部管道公司积极响应习近平总书记"四个革命、一个合作"能源安全新战略，2020年10月1日正式并入国家石油天然气管网集团有限公司，开启了油气管网事业发展的新篇章。

坚持创新发展，跻身国际先进

西部管道公司始终围绕建设国际先进水平管道公司的奋斗目标，"一张蓝图绘到底"，走出一条国有管道企业创新发展之路。

坚持科技强企，加速国产替代。西部管道公司已建成亚洲首座、世界第三座高钢级大口径天然气管道全尺寸爆破试验场等5大科技平台；攻克6大核心技术，4项达到国际领先水平，2项达到国际先进水平；设备国产化率达91%，新建管道可实现100%国产化，打破国外垄断，装备系统和储运技术总体水平达到国际先进水平。获国家科学技术进步奖10项、省部级科学技术进步奖17项，拥有专利63项。其中，"油气战略通道建设与运行关键技术"获得国家科学技术进步奖一等奖。制定国家标准1项、中俄互认标准13项，为中俄两国能源战略合作扫清了技术障碍。

坚持管理兴企，实现精干高效。西部管道公司持续国际对标，发布实施建设中国特色国际先进水平管道公司的规划与标准，构建"三化一法"科学管理体系：创新"区域化"模式，用工减少37%，人均管理管道由2300米增至5200米，人均劳动生产率由100万元升至625万元；站场管理实现"标准化"；"信息化"支撑管理提效，30座站场无人值守；多体系融合而成的基础管理体系成为公司"基本法"，荣获全国石油石化企业管理现代化创新优秀成果一等奖。

坚持文化固企，筑牢企业"根""魂"。西部管道公司秉承"苦干实干、三老四严"的石油精神，倡导"以人为本、奋进者至上"，熔炼

出以国门责任文化、红柳坚守品格、高原奉献精神为精髓的西部国脉文化，锻造了一支敢打硬仗、能打胜仗的管道铁军，荣获全国企业文化建设先进单位称号。

构建三个管道，履行三大责任

西部管道公司以构建平安、绿色、和谐管道为根本任务，全面履行政治、经济、社会三大责任，发挥了国有骨干企业顶梁柱作用。构建平安管道，履行政治责任。西部管道公司把履行输油输气天职、安全生产天责作为最重要的使命，贯彻安全发展理念，追求"零缺陷"，努力实现"零事故、零伤害、零污染"目标，研发安全输送技术，建立安防长效机制，保障管道本质安全，促进管网安全运行，国际安全评级业内率先达到最高级8级。连续15年杜绝一般及以上安全生产和环境污染事故，被授予集团公司安全生产、环境保护先进企业。

构建绿色管道，履行经济责任。践行"绿水青山就是金山银山"思想，累计输送清洁能源4357亿立方米。创新原油常温输送和储罐常温储存技术，年节约标煤5.2万吨；推广燃气压缩机组余热利用技术，累计发电5亿千瓦时。油气管输成本降至国内最低，油品管道周转单耗国内领先。公司利润从2008年的7亿元增至2019年的134亿元，累计利税过千亿元。2020年全员共战新疆两次疫情，坚持"一断三不断"（坚决切断病毒感染源，确保管道巡线道路不断、应急抢险路由不断、物资供应绿色通道不断），保持复工复产不松懈，确保了办公场所、生产场所、施工场所不发生疫情，上半年利税74亿元，与2019年持平。

　　构建和谐管道，履行社会责任。西部管道公司深入贯彻中央治疆方略，始终与新疆各族人民同呼吸共命运，积极开展定点扶贫、"访惠聚"驻村，连年投入专项扶贫资金，助力打赢脱贫攻坚战。与上、中、下游企业构筑利益事业命运共同体，形成共商共建共享的发展格局，带动了装备制造等一大批产业繁荣发展，客户满意度连续12年保持100%。获得全国五一劳动奖状、开发建设新疆奖状等荣誉。

走好新时代钢铁工业发展新路径

中天钢铁集团有限公司

中天钢铁集团有限公司（以下简称"中天钢铁"）位于江苏省常州市，前身是成立于1973年的武进轧钢厂，2001年9月，从地方国有企业改制成为一家民营企业。经过10余年的跨越发展，从一家年产6万吨钢、产销不足10亿元的小型钢厂，发展成为年产钢能力达到1100万吨、营业收入超1300亿元的国家级特大型钢铁联合企业，连续16年荣列中国企业500强。

多年来，从传统工业到高品质绿色制造，中天钢铁"产业报国"的初心从未改变，始终坚持实干兴邦理念，扎扎实实"做优、做精、做强"钢铁主业，勇挑时代重担、助推转型升级，走出了一条匠心智造、品质创新的特色发展之路。

坚持优特钢发展战略，打造民族钢铁品牌

中天钢铁落实"优特钢123品种结构战略规划"（即100万吨精品

钢、200万吨特钢及300万吨优钢），通过吸引高技能领军人才、搭建产学研合作平台，全面开展高品质轴承钢、齿轮钢、弹簧钢等优特钢绿色研发及规模化绿色制造工作，"脉冲磁滞振荡（PMO）+电磁搅拌（EMS）"连铸技术、"电磁感应连铸中间包冶金技术"、"风电用轴承钢技术"等一大批核心技术填补国际、国内空白，目前中天钢铁高品质优特钢产能达到600万吨，成为全球单体最大的优特钢棒线材生产基地。

积极探索智能制造，推动两化融合走深向实

中天钢铁坚持以信息化、智能化推动企业进步，走自主研发、融合集成的优特钢产销研工业互联网道路。布局"智能车间""5G+物联网智能园区"，构建智能化运营的企业级智慧数据平台，实现数据流、业务流、信息流"三流合一"，办公、生产、物流、仓储一体化"智能融合"，成为工业和信息化部首批"5G+工业互联网"示范点、江苏省工业互联网标杆工厂、江苏省"腾云驾数"转型升级计划优秀融合创新发展案例、江苏省工业互联网发展示范企业（五星级上云企业）。

聚焦绿色发展理念，增强可持续发展能力

中天钢铁始终遵循"坚持自主创新、发展循环经济、建设绿色工厂"的发展方针，以及"创业发展与环境保护、经济效益与生态效益共同提升"的环保方针，将绿色发展理念贯穿于日常生产经营管理中，累计投入近150亿元，实施了全流程超低排放全省示范工程——

能源管控中心、长江流域首条千吨级纯电动运输船等120项节能减排、循环利用工程，通过厂区绿化、车间亮化、环保设备提标改造，打造"道路宽阔平坦、两旁绿化带、高楼拔地起、四季鲜花开"的厂区景观，获评首批国家级"绿色工厂"，全力打造与城市共生共荣的和谐示范性钢铁企业。

大力推进品牌战略，助力"双循环"产业生态

中天钢铁持续开发新品种，培育潜在市场，汽车发电机爪极用钢、高品质手工工具用钢、管坯钢，市场占有率均位居国内第一。同时，积极融入"一带一路"建设，加快构建连接世界的开放型企业发展格局，一大批高技术含量产品参与全球供应链，助力沿线国家基础建设。从国家重大工程到智能制造的关键零部件，从祖国的大江南北到世界的四大洲近70个国家和地区，都有"中天牌"产品的身影。

重视文化软实力建设，推动企业长远发展

中天钢铁秉承"对国家多贡献、对社会多回报、让员工增收入"的发展理念，制定《中天九条》企业文化规定，建立"集团把爱心洒向全体员工，员工把忠心献给企业"的和谐劳动关系，推行"待遇留人、情感留人、事业留人"，与员工共享发展成果。启动"人才强企十年规划"，建立职工晋升"三通道"，形成一条"全国重点院校招聘—内外部联合培养—精英人才选拔—后备人才梯队建设"的强企生态链。同时，累计纳税超200亿元，参与修桥筑路、帮困助学、援藏援疆、

抗震救灾、抗击新冠肺炎疫情等公益、慈善事业，累计捐助超7亿元，先后获得中国公益慈善十大影响力企业、首届江苏慈善奖最具爱心慈善捐赠企业等荣誉称号。

未来，中天钢铁将以习近平新时代中国特色社会主义思想为指引，加快产业转型升级步伐，走好新时代钢铁工业发展新路径，凝心聚力、继往开来，全力以赴推进行业高质量发展，实现钢铁强国的伟大梦想！

破解重大装备国产化"卡脖子"难题

大连华锐重工集团股份有限公司

大连华锐重工集团股份有限公司（以下简称"大连重工"）始建于1914年，被称为中国机械工业的"母厂"和起重运输机械的"摇篮"，是中国重大技术装备研制领域的大型重点骨干企业、国有上市公司，主要为冶金、港口、能源、航空航天等国民经济基础建设领域提供大型、高端、成套技术装备与服务，曾荣获全国文明单位、全国质量工作先进单位、第一批国家级知识产权示范企业、国家两化融合管理体系贯标试点单位、中国重型机械行业自主创新领军企业、中国重型机械行业卓越企业等称号。

践行高质量发展理念，经济运行质量持续向好

大连重工深入贯彻落实习近平总书记在辽宁省考察时和在深入推进东北振兴座谈会上的重要讲话精神，以及国务院国有资产监督管理委员会（以下简称"国资委"）关于加快新旧动能转换，推动国有企

业高质量发展的相关部署，坚持践行新发展理念，全力推动供给侧结构性改革，不断激发企业发展新活力、释放新动能，在全国六大重机企业中劳动生产率最高、运行质量最好，"十三五"期间主要经营指标稳步增长，保持持续向好的良性发展态势，实现了高质量发展新突破。尤其在2020年"疫情冲击、经济下行"压力考验下，主要经营指标一季度逆势而上夺取"开门红"，上半年销售收入、效益分别同比增长32.2%、37%，引起了国资委关注，并在央视《新闻联播》进行报道。

勇担制造强国使命，破解重大装备国产化"卡脖子"难题

大连重工以振兴民族装备制造业为己任，全力攻克"卡脖子"难题，铸造大国重器，累计破解了50余项重大装备国产化难题，为提升综合国力、保障国家经济安全做出了突出贡献。大连重工为世界最大单口径射电望远镜研制出馈源索驱核心系统，是FAST（500米口径球面射电望远镜）工程三大自主创新之一；研制的多功能火箭发射脐带塔助力"天问一号"火星探测器升空；研制的全球首支、世界最大22000标箱集装箱船用曲轴以及世界首台"华龙一号"核环吊，彰显了中国制造世界领先地位。

响应"一带一路"倡议，大力推进国际化开放经营

大连重工将国际化经营确立为企业中长期发展战略，争当"一带一路"建设排头兵，不断创新出口模式，逐步实现从零部件出口到单机出口、成套设备出口，再到工程总承包出口和产品全生命周期服务

管理转变，出口占比经营总量年均在30%～40%，产品远销92个国家和地区。为巴西淡水河谷公司、澳大利亚FMG（福特斯克）矿业集团和汉考克勘探公司等国际知名企业提供了众多大型、高端、智能化散料装卸设备，打响了民族装备制造业品牌。

坚持创新驱动战略，加快培育转型升级新动能

大连重工建有国家级技术中心——国家风电传动与控制工程技术研究中心等高端研发平台，具有重大技术装备机电液一体化设计能力，年均研发投入占销售收入5%以上，累计创下240余项"中国第一"，获得授权专利1000余项，起草国家、行业标准70余项，散料机械、港口机械、起重机械、冶金机械四大类主导产品水平国内领先、世界一流，其中2万吨桥式起重机荣获国家科学技术进步奖、中国专利金奖，14500吨每小时堆料机创世界同类设备能力之最。尤其2017年组建的大连重工智能装备研究院，全力向战略性、引领性、重大基础共性智能技术研发冲刺，其研制的大型智慧焦炉机械可实现一键操作、自动运行，能监测、诊断设备运行故障，实时记录运行数据，大幅提高设备运行安全性、可靠性和工作效率，引领行业发展。

履行国企社会责任，彰显国企使命担当

大连重工积极参与构建社会主义和谐社会，努力实现相关方共赢发展。2020年新冠肺炎疫情期间，示范带动复工复产，优先组织涉及国计民生的重大工程、重大项目开工，拉动2000余家配套商迅速复产，对重点供应商和民营中小企业提供复产复工专项帮扶资金，落实"六保""六稳"要求，稳经济预期、坚定发展信心，起到了良好的社会示范效应。大连重工积极参与扶贫事业，在重机行业普遍微利的形势下，近两年投入1700余万元实施产业扶贫、消费扶贫、困难救助，助力国家决战决胜脱贫攻坚、全面建成小康社会。

走向科技型全球工业集团

珠海格力电器股份有限公司

珠海格力电器股份有限公司（以下简称"格力电器"）成立于1991年，是一家多元化、科技型的全球工业集团，业务涵盖空调、冰箱、洗衣机、厨房电器等家用消费品和高端装备、精密模具等工业装备两大领域，产品远销160多个国家和地区，全球用户超4亿人。2019年实现全年营业总收入2005.08亿元，归母净利润246.97亿元。家用空调全球市场占有率达20.6%，连续15年领跑全球；中央空调全国市场占有率14.7%，实现国内市场"八连冠"。上榜2020年《财富》"世界500强"第436位、《福布斯》"全球上市公司2000强"第246位。

自主创新，掌握核心科技

格力电器始终坚持创新驱动发展，已成功搭建卓越的技术创新体系。建成了全球最大的空调研发中心，拥有行业唯一的企业国家重点实验室、国家工程技术研究中心、国家工业设计中心及国家企业技术中心4大国家级科研平台，1个院士工作站，15个研究院，构建起多层次、高水平的研发体系；建有929个实验室，具备行业领先的核心部件、系统性能、整机测试及环境模拟等全方位检测能力，为研发活动提供了完善的科研条件。

凭借强大的技术研发实力，格力电器累计获国家技术发明奖2项、国家科学技术进步奖2项、省部级奖励29项，创新成果屡获权威机构认可；拥有30项国际领先成果，涵盖空调核心设备、家用及商用空调等领域，打造核心竞争力；截至2020年6月30日，累计申请专利68747项，其中发明专利34072项，发明专利授权量连续4年进入全国前十，稳居家电行业榜首，累计获中国专利金奖4项。

领跑行业，打造示范标杆

作为暖通空调行业的排头兵，格力电器以核心科技推动行业技术变革，树立绿色示范标杆。在工商用领域，格力电器为大型建筑、工业生产、轨道交通等领域提供高可靠性制冷设备，引领了国产大型中央空调技术发展，其中，大容量高效离心式空调设备打破国外技术垄断，荣获2019年国家技术发明奖二等奖，并中标北京人民大会堂、北京大兴机场、中国尊等超级工程，打造中国高效制冷设备世界名牌；在家用领域，研制了高效节能、舒适健康的空调产品，其中，基于大小容积切换压缩机技术的高效家用多联机大幅提升机组低频运行能效，总体技术达国际领先水平，以卓越的节能效果践行国家节能减排战略。为支持国家核电发展战略，格力电器依托在暖通行业的核心技术进军

核电装备领域，提供了高可靠性的核岛冷却设备，保障核电站安全稳定运行，其中自主研发的"华龙一号"核级冷水机组，突破核心部件技术壁垒，实现了核级压缩机自主化、国产化，达到国际领先水平，助力中国核电走出国门。

产业升级，高端引领发展

格力电器紧紧围绕国家战略发展需求，优化产业布局，于2013年进入高端装备领域，经过技术攻关，掌握了伺服电机、减速机、控制器三大关键核心技术，实现工业机器人核心零部件的自主研发和生产，自主研发的工业机器人用高性能伺服电机及驱动器达国际领先水平。目前，格力智能装备已布局数控机床、机器人、物流仓储、节能环保、工厂自动化等领域，自主研发上百种装备，服务于家电、汽车、新能源、智能家居、3C电子（计算机类、通信类和消费类电子产品）、食品等行业的上千家企业。

快速响应，助力精准防疫

2020年上半年新冠肺炎疫情暴发，格力电器积极做出响应，有序安排复工复产，并组织专项团队开展技术攻关，助力疫情防控。依托多年的空气净化技术，在权威病毒学与气溶胶专家的指导下研发出能杀新冠病毒的"猎手"新型空气净化器，并迅速投入武汉市金银潭医院、泰康同济医院等，武装抗疫一线，现已广泛应用于工厂、办公楼、学校等公共区域，助力复工复产复学。开展体温检测仪模具的设计生产，在两个月内完成口罩生产设备的研发并投入生产。紧急组建珠海格健医疗科技有限公司，利用高等级净化车间设立生产线，专项生产口罩、测温仪、护目镜等紧缺防疫物资。

受疫情冲击，2020年上半年格力电器实现营业总收入706.02亿元，利润总额76.96亿元。接下来格力电器将顺应市场变化，加快新产品的研发和推广，稳步推进技术、产品、渠道等领域的变革。

今后，格力电器将不忘初心、牢记使命，坚守实体经济，坚持走自力更生、自主创新的发展道路，加快实现管理信息化、生产自动化、产品智能化，继续引领全球暖通行业技术发展，坚实推进科技型、创新型、多元化、全球化战略布局。

多元产业布局新基建

江苏中天科技股份有限公司

江苏中天科技股份有限公司（以下简称"中天科技"）起步于1992年，起家于光纤通信，2002年在上海证券交易所上市，在"新基建"方面的发展成果，得益于多元产业布局，现已形成通信、电网、海洋、新能源和新材料的产业格局。中天科技治理结构规范，拥有40多家产品公司、12000多名员工，运营6家海外工厂，产品出口147个国家和地区，是中国企业500强、金牌上市公司、全国质量奖获得单位。2020年上半年主营业务收入达208.95亿元，同比上涨12.48%，实现净利润10.8亿元，与2019年同期基本持平。

坚持创新引领，助力强国战略

"专注精细制造 矢志科研创新"是中天科技不变的追求和承诺。秉承"光电网联美好生活"的崇高使命，中天科技建立了以市场为导向、以国家级技术中心为支撑、自主创新与产学研合作相协同、两化深度融合相促进的技术创新体系。截至目前，中天科技拥有工业和信息化部、中国工业经济联合会授予的4个制造业单项冠军、4个隐形冠军；承担4项国家"863计划"和6项国家重点研发计划；获得1900多件专利授权；主持、参与制定350多项国际、国家及行业标准，在各产业领域形成独特竞争优势。

中天科技在通信领域拥有全球单体规模最大的全合成光纤预制棒工厂，形成"棒—纤—缆"一体化产业链，天线、馈线、光模块、漏缆等直接服务于国家级重点工程和5G建设；在电网领域，青藏、川藏、藏中三条"电力天路"选用中天科技OPGW（光纤复合架空地线）、ADSS（光缆），连续多年全球市场占有率第一，中天科技特种导线参与了所有特高压工程建设，是国家技术发明奖获奖产品；在海洋领域，中天科技海缆有限公司是行业唯一海缆动员中心，研制出世界最大输送容量、中国第一根 ±525kV 光纤复合直流电力电缆和世界最高电压、最大长度500kV交联聚乙烯绝缘光纤复合海底电缆系统，创造19项国内外第一；在工业互联网领域，中天科技搭建工业和信息化部认定的线缆行业首个工业互联网平台，国内首家上线运营国家工业互联网标识解析二级节点，拥有4个国家智能制造综合标准化与新模式示范、智能制造试点示范项目和21个示范智能工厂、工业互联网标杆工厂、省级智能车间。

紧跟国家战略步伐是中天科技创新的方向。从宽带中国到5G建设，从智能电网到全球能源互联网，从智慧海洋到海洋强国，从智能制造到工业互联网，中天科技每一步创新都服务于强国战略。当前，为掌握关键自主核心技术，中天科技实施"补短板、强弱项"工程，加大 PI（聚酰亚胺）薄膜材料、超级电容材料、3D 打印（增材制造）材料、400G 硅激光模块、超导技术等前沿产品和技术布局，致力摆脱国外垄断。

坚持卓越绩效，构筑质量高地

质量是企业的生命。中天科技将 3 月 3 日设立为"质耻日"，持续 22 年开展"质耻"活动，倡导精益求精，一丝不苟。先后通过 ISO9001、ISO14001、OHSAS18001、ROHS、UL 等 15 项体系认证和 7 项产品认证，建立 CNAS（中国合格评定国家认可委员会）认可的实验室、宝钢特钢—中天科技联合实验室、中天科技—德国 TUV 莱茵合作实验室等，实施产品全生命周期管理，保证产品品质和卓越绩效的良性循环。

此外，中天科技还通过 WCA 人权验厂以及 ISO14064 温室气体排放管理体系认证，是国家认可的绿色工厂和安全生产标准化一级企业。

坚持文化先行，做负责任企业

文化创新是企业发展的灵魂。中天科技在全国首创知识产权银行，开展"我工作、我思考、我建议"活动，保证员工持续创新的热情；在全国首建"精神家园工程师"工作制，倾听员工内心诉求，为员工办实事、做好事，网格化培育产业工人队伍，打造工匠群体。

中天科技将"为客户、员工、社会创造价值"的愿景内化于心、外化于行，积极承担社会责任，在各项公益事业中捐款捐物近2亿元，是江苏慈善奖获得单位。

2020年新冠肺炎疫情暴发后，中天科技立即启动应急动员保障机制，在做好疫情防控的同时，紧急筹集通信、电力物资，驰援重疫区方舱医院建设，并将"增收增薪、减收减薪"的分配原则，优化为"增收增薪、减收不减薪"，给员工稳定预期，给社会可靠回馈；同时，以"六保""六稳"为指引，带动行业建立完整自主可控的产业链，为南通地区率先实现经济快速复苏做出重要贡献。

改革开放成就中天科技，"一带一路"引领中天科技走向世界。未来，中天科技将加快推进制造业数字化和服务化建设，在"新基建"内循环中练就"双循环"本领，不忘初心，实业报国，力争2035年跻身世界500强。

宽幅超薄精密不锈带钢工艺破解"手撕钢"世界难题

山西太钢不锈钢精密带钢有限公司

宽幅超薄精密不锈带钢俗称"手撕钢",是国家重大战略和重要新兴领域急缺的高精尖基础材料,其研发生产是世界性难题,需要攻克钢质洁净度、控形控性、极限产品、柔性化工艺、规模生产等一系列关键核心技术。

该技术填补多项空白,达到国际领先水平。产品极大地降低了国内高端箔材的用料成本,实现销售利润率100%,市场占有率70%。满足新兴产业高速发展的迫切需求,用于军工防辐射服、航天、新能源等领域,是国内知名企业的稳定供应商和唯一柔性屏基材供应商。宽幅超薄精密不锈带钢产品和技术的成功开发,打破了国外对高端箔材领域的长期垄断,有力推动了国内高端箔材下游企业的发展,提升了中国高端钢铁新材料制造水平,保障了国家战略领域关键材料的供给安全。

成绩的背后，是山西太钢不锈钢精密带钢有限公司（以下简称"太钢精带公司"）多年的研发与创新。太钢精带公司技术团队历经10余年攻关，进行700多次试验，突破国外技术封锁，成功开发出了具有自主知识产权的关键工艺技术及装备，实现了中国宽幅超薄精密不锈带钢从依赖进口到世界领先的跨越。

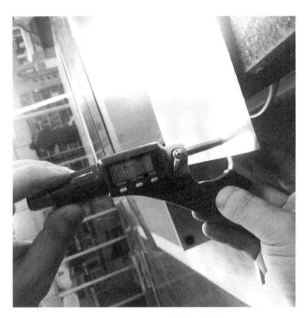

图1　0.02mm精密箔材

四大创新摆脱"卡脖子"困境

长期以来，中国不具备生产厚度0.05毫米以下超薄带钢的生产能力。美国、日本等国家超薄带钢的极限规格达到0.02×400毫米，但厚度0.03毫米以下的对中国严格禁售，宽幅超薄精密不锈带钢长期面临"高价买"和"卡脖子"困境，特别是厚度0.05毫米以下、宽度400毫

米以上的宽幅超薄精密不锈带钢是国内空白。近三年来，该类产品的国内市场需求量年增长率均在50%以上，特别是航天、核电、新能源等领域对该材料的需求极为迫切。

自主集成全球首条全流程智能化生产线。宽幅超薄精密不锈带钢的生产设备极为复杂，瓶颈环节多，没有可借鉴的设计集成技术。太钢精带公司项目组自主设计，集成了全球首条全流程、智能化生产线，包括轧制、光亮退火、脱脂、去应力等工序。与国外同类型装备相比，具有全流程、幅宽大、低成本、高效率等显著特点，极限规格最薄0.02毫米、最宽640毫米。其中，产线高精度智能控制点设备功能125个、工艺技术160个。

突破钢质高洁净和夹杂物微细化控制技术。由于钢中夹杂物直径与精密带钢的厚度相当，所以在轧制过程中，夹杂物极易导致精带穿孔和表面缺陷。针对精带生产过程中夹杂物演变行为和控制技术的研究尚处于空白，太钢精带公司项目组经过长期研究，揭示了精密带钢轧制过程中夹杂物演变的规律，成功开发出低氧含量和夹杂物双向控制技术。工艺实施后，铸坯T［O］降低至13ppm，塑性夹杂物比例达到95%以上，夹杂物尺寸不大于$1\mu m$。

突破宽幅超薄精密不锈带钢控形技术。宽幅超薄精密不锈带钢宽厚比达到3万，是国外产品的1.5倍，生产过程中因带钢受力复杂，难以大批量稳定生产。太钢精带公司项目组针对产品的轧制特性，提出基于边界积分法的辊间压扁计算方法，在新模型预测和试验测试基础上，开发出高精度轧制辊形、高精度轧制工艺技术、多工序三维度微张力控制技术及装备，实现了世界最薄最宽的不锈精密带钢高精度稳定生产，厚度精度达 $\pm 1 \mu m$，板型平整度小于0.1mm/m。

成功开发高性能控制技术及系列产品。超薄精密不锈带钢具有用途广、性能要求差异大、疲劳寿命要求高等特性。太钢精带公司项目组经过系统研究、联合攻关，突破了相关技术难点，成功开发出硬态、软态、去应力TA 3大类别24个系列品种，满足了各类复杂条件下的产品特性要求。其中，硬态产品硬度为世界最高，疲劳寿命20万次；软态产品大深冲合格率优于日本企业，综合性能世界最优。

"技术+管理"创新模式实现共振

随着知识创造、更新迭代和人才流动的加速以及技术复杂性问题的日益突出，过去技术层面和管理层面各自创新的模式已不适应现代化大生产的要求，"技术+管理"的创新模式将对技术创新与管理创新的协同发展起到动态的互相促进作用，从而实现最佳的创新绩效。

太钢精带公司从管理创新与技术创新协同发展的视角出发，同时注重内外部管理创新（包括组织结构、流程、文化、管理制度、控制系统以及协同机制等社会的、非技术方面的创新）以推进核心技术创新，这种双创新模式的演绎，推动宽幅超薄精密不锈带钢系列产品及工艺技术逐步成熟。

——两化融合。信息化系统搭建了完整的五级体系，主要包括基于自动化设备控制的一级系统、基于机组全线过程控制的二级系统、基于车间制造的MES（生产制造系统）生产质量运行三级系统、基于

企业资源计划的ERP四级系统、基于企业决策支持的五级系统。基于财务、销售、人力资源、绩效、设备管理的ERP四级系统，基于现场生产、质量管理的MES三级系统的有机结合，实现了销售、生产、质量、财务、设备综合管理。

——协同运作。太钢精带公司联合太原理工大学、燕山大学等重点高校，促进产学深度融合，充分利用校企双方各自优势，发挥高校教育系统人才优势，为精密箔材的开发提供理论支撑。同时利用企业内部高技能人才丰富的现场实践经验，进行实际摸索，使得设备改进、工艺创新完全对接融合。

——激励创新。政府和企业在新材料、新技术领域对科技和业务给予支持和援助。成立山西省超薄不锈带钢工程技术中心，研发过程中允许适度的失败，发现问题并及时解决问题，总结失败经验，新产品、新技术开发成功对技术人员进行激励。

——智能制造。建立极薄带生产全流程设备状态—工艺参数—产品综合性能关联模型。通过智能学习算法对生产数据进行深度挖掘，确定了各项工艺方案。

——双精度管理。"手撕钢"产品质量要求高、工艺控制难度大，设备功能保障是基础，人员操作是关键。为此，太钢精带公司积极推行生产过程的"双精度管理"：一方面通过提升操作人员的技术水平和执行工艺标准的能力，练好基本功，夯实"人员精度"基础；另一方面，针对影响产量和质量的问题，不断完善工艺和设备精度控制点，确保设备功能随时处在最佳状态，以更好地服务生产。

——十字沟通法。"简单、直接、用心、妥协、结果"是内部奉行的"十字沟通法",基本含义就是"尽量把复杂问题简单化、直截了当地沟通、用心去做、该妥协时就妥协、衡量工作看结果",其目的是打造具有战斗力、创新力和自信心的高效团队,让每一名职工都可以通过自己的勤奋、努力、创新,实现自我价值的最大化。其中,"简单"是要说真话、讲真事,不做无谓的内耗;"直接"是在遇到问题时,避免互相扯皮、埋怨以及避重就轻的无效讨论,不要浪费时间,而是直截了当地表达,尽快达成一致,向着共同目标努力;"用心"就是要全力以赴、全神贯注地投入工作,同时也要有头脑、有智慧,带着思考去工作;"妥协"是在处理矛盾和冲突时要表现出理性和智慧,目的是"求大同,存小异";"结果"则是衡量工作时要注重绩效和成果。

——构建质量卓越管理体系。开展质量管理诊断和改进,整合现有管理体系和管理方法;建立以质量管理为中心、以经营绩效为主要评价标准的系统化质量管理体系。全面理解用户需求,构建质量屋,建立全线质量控制点以及三级点检制度,确保工序质量稳定。

——安全管理。太钢精带公司为提升安全保障,围绕安全管理,开创"11123"管理模式,提升本质化安全管理水平。推进安全生产标准化建设,验证职业健康安全管理体系运行的有效性。重点区域开展安全联合巡查,推进危险化学品管理和重大危险源备案工作,完善应急管理体系,提高事故处置能力。

——环保控制。实现绿色超低排放,把发展循环经济作为企业自觉的意识和行为,作为绿色转型的内在动力。太钢精带公司一方面集成环境空气质量、烟气、水和噪声等连续在线监测数据，从而提高了对烟粉尘、氮氧化物等烟气排放污染源，废水排放，区域环境空气质量和噪声区域的在线监测和过程管控能力；另一方面积极采用新工艺和新技术实现节能，增强了全民资源意识、节能意识和环境意识。

王天翔　胡尚举

坚持自主创新　主攻智能制造

大全集团有限公司

大全集团有限公司（以下简称"大全集团"）是一家立足实体经济，专业从事智能电气设备、军用电气设备、轨道交通电气设备以及光伏新材料研发和制造的民营企业，总部在江苏省镇江市扬中市。

2017年以来，大全集团先后获得国家技术发明奖二等奖，国家科学技术进步奖特等奖、一等奖等重大科技奖项；国家知识产权示范企业、国家首批"绿色工厂"、全国五一劳动奖状等荣誉。

填补国内空白，打造行业标杆

在轨道交通领域，大全集团打破国外对直流牵引供电设备的垄断，已为国内外30多个城市（包括北京市、上海市、广东省广州市、伊朗德黑兰市、越南河内市等）80多条地铁或轻轨提供直流牵引供电设备及系统解决方案。

大全集团参与制定了中国第一部《轨道交通直流开关设备》国家

标准，目前国内市场份额达40%以上，稳居国内第一，全球前三，为国家节省外汇数十亿美元。

在新能源领域，大全集团在新疆维吾尔自治区石河子市建有年产8万吨的太阳能高纯硅材料生产基地，2010年在美国纽约交易所上市。全球市场份额占15%，生产技术和产品质量达国际先进水平，为推进清洁能源建设、光伏发电平价上网做出了积极贡献。2020年7月，大全集团入选工业和信息化部等6部门联合发布的"智能光伏试点示范企业"。

坚持自主创新，树立军民融合典范

大全集团始终坚持以创新驱动高质量发展战略，在江苏省南京市、湖北省武汉市、陕西省西安市、江苏省扬中市建成4个国家级研发（实验）中心，共有研发人员1000多人，每年科技投入约占销售额的5%。

2010年，大全集团与海军工程大学院士团队合作，投资5亿元，在武汉建成国家能源局授牌的国家能源新能源接入设备研发（实验）中心，主要从事新能源发电区域组网技术的研究和开发，彻底解决了制约可再生能源产业发展的新能源并网接入技术难题。目前，已经成为军民融合的典范。

2017年，大全集团参与研发的"直流配电系统大容量断路器快速分断技术及应用"获得国家技术发明奖二等奖，解决了中压直流综合电力系统的大电流开断问题。2018年，参与研发的"中压直流综合电力系统研制及应用"获国家科学技术进步奖一等奖，解决了大型船舶电力推进技术的核心问题。2019年，参与研发的X系统获国家科学技术进步奖特等奖。直流大容量分断、大型船舶电力综合系统等属全新技术，具有开创意义，奠定了中国在相关领域的国际领先地位。

两化深度融合，主攻智能制造

大全集团紧抓实体经济和数字经济融合发展机遇，加快推进"数字大全"建设，引入PLM、MES、ERP等系统，高度集成端到端智能制造整体解决方案，实现了从产品研发、设计、制造到服务的全流程互联互通，自主开发了面向电气设备全生命周期管理的"大全智慧工业云"，实现了智能化运维增值服务。

强化使命担当，勇做模范先锋

发展成果与社会共享是大全集团的重要使命。近年来，企业累计捐赠总额超过3600万元，安置退伍军人700余人，先后荣获中华慈善事业突出贡献奖、全国文明单位、全国五一劳动奖状。

2020年春节期间，在武汉紧急建设雷神山医院抗击新冠肺炎疫情的关键时刻，大全集团闻令而动、火速驰援，300多名员工、30余名党员主动请命、昼夜赶工，48小时内完成了30余套雷神山医院电气设备供货和现场安装任务；24小时内完成了武汉同济医院电气设备的供货和安装任务，以"大全力量"助力"中国速度"。3月初，大全集团

1万名员工实现全面复工，无一例感染，公司准时足额为员工发放薪酬和奖金，为实现疫情防控和经济社会发展的双胜利做出了突出贡献。

习近平总书记指出，必须始终高度重视发展壮大实体经济，抓实体经济一定要抓好制造业。未来，大全集团将继续立足实体经济、深耕主业，以电力技术创新为龙头，以智能制造为驱动，争取在2025年以前，实现从数字制造到智能制造的转型升级，引领行业发展进步。为加快构建国内大循环为主、国内国际双循环相互促进的新发展格局增添强大动能。

以人民需求为己任　以自立自强谋创新

中国石化巴陵石油化工有限公司

　　中国的企业及科研单位需要肩负起历史责任，坚持面向世界科技前沿、面向经济主战场、面向国家重大需求、面向提高人民生活水平，

图1　中国石化己内酰胺绿色生产装置

不断拓展研究的广度和深度。中国石油化工集团有限公司（以下简称"中国石化"）以习近平总书记的指示为核心精神，结合企业自身经营特点，打造出了"以人民需求为己任，以自立自强谋创新"的企业核心竞争力。由中国石化巴陵石油化工有限公司（以下简称"巴陵石化"）和中国石化石油化工科学研究院（以下简称"石科院"）自主研发的己内酰胺绿色生产成套新技术，就是中国石化直面国民重大需求和国际市场竞争，以科技创新磨炼出企业核心竞争力的极佳范例。

立足"穿衣"需求，直面世界科技难题

尼龙是20世纪最伟大的发明之一，可用于纺织、服装、汽车、电子、轨道交通、航空航天等领域，也是用量最大的基本有机化学品之一。尼龙与人类生活的衣、食、住、行密切相关，它的广泛应用显著提升了人类的生活品质，降低了生活成本。己内酰胺是生产尼龙6的单体，也是生产流程最长、工艺最复杂、质量要求最严格的聚合单体，生产难度极高。

30年前，中国在基本解决人民"吃饱"问题后，在当时外汇储备仅为几百亿元的情况下，投资近百亿元引进己内酰胺生产技术，旨在解决人民"穿好"的问题。但由于国外的技术封锁，中国引进的技术比较落后，碳和氮原子利用率分别不足80%和60%，且工艺流程复杂，腐蚀污染严重，并副产主产物1.8倍的低价值硫酸铵。虽然国家对己内酰胺十分重视，将其列入中国首批反倾销产品，但中国的己内酰胺行业每年依旧亏损超过20亿元。长期以来，中国的己内酰胺大量依靠进

口，自给率不足30%，在消费量以年均10%的速度持续增长的情况下，供需矛盾十分突出，己内酰胺的生产已经成为中国亟待解决的"卡脖子"问题。

30余年风雨，为国为民矢志创新

中国石化敏锐地捕捉到国家及石油化工行业的技术痛点，深入发掘其背后隐藏的市场价值，牢牢立足解决人民"穿好衣"的重大需求，将己内酰胺的自主知识产权绿色生产技术列入"十条龙"重大科技攻关项目，组织巴陵石化及石科院进行科技攻关。在科学技术部连续3个"973计划"项目和国家自然科学基金委员会重大项目的支持下，在闵恩泽院士、舒兴田院士等中国石化科研领军人物的带领下，石科院将基础研究获得的科学知识转化为新技术，巴陵石化围绕新技术开展工业示范，产学研紧密合作，历经30年，三代人深耕不辍，克服无数挫折与磨难，实现新反应途径、新催化材料和新反应工程的集成创新，100余件发明专利获国内外授权，成功开发出包含以下六项核心技术的己内酰胺绿色生产成套新技术。

一、为提高氮原子利用率，发展了环己酮氨肟化新反应途径、空心钛硅分子筛新催化材料和反应—膜分离新反应工程，将引进技术的环己酮肟五步制备工艺简化为一步工艺，使装置投资减少70%，氮原子利用率从不足60%提升至90%以上，废气排放量下降99%。

二、为提高产品质量，发展了非晶态合金催化剂与磁稳定床集成的己内酰胺加氢精制新技术，替代引进技术的骨架镍催化剂和釜式

反应器，使催化剂消耗下降70%，微量杂质高效脱除，产品质量大幅提升。

三、为减少副产硫酸铵，开发了环己酮肟多级重排技术和硫酸铵中和结晶集成技术，使副产硫酸铵数量减少20%。

四、为根除副产硫酸铵，发展了高硅分子筛与移动床集成的环己酮肟气相重排新技术，无副产硫酸铵。

五、为提高碳原子利用率，发展了环己烯酯化加氢制环己酮新技术，世界首创环己酮绿色生产新反应途径，使碳原子利用率从不足80%提升至95%以上，废渣废液减少90%。

六、为配套己内酰胺新技术，开发了浆态床过氧化氢生产技术，建成国内首套工业装置，使生产效率提高40%、能耗降低20%、废水排放量减少70%。

基于上述六项核心技术，己内酰胺生产过程中的原子利用率显著提高，装置投资下降80%，生产成本下降50%，污染物排放量减少50%以上，实现了传统产业的跨越式技术进步，达到国际领先水平。2005年，己内酰胺绿色生产成套新技术获国家技术发明奖一等奖，2009年获国家科学技术进步奖二等奖，2010年获国家技术发明奖二等奖，2012年获中国专利金奖；技术倡导者和团队灵魂人物闵恩泽院士获2007年国家最高科学技术奖。

技术磨刀论剑，突破封锁自立自强

中国石化己内酰胺绿色生产成套新技术的成功开发，打破了70年来的国外技术垄断。中国石化以绿色生产技术优势为抓手，加快科技成果转化，在巴陵石化、中国石化石家庄炼油化工股份有限公司、浙江巴陵恒逸己内酰胺有限责任公司等企业陆续投建多套己内酰胺生产装置抢占市场，在市场竞争中形成了坚不可摧的核心竞争力及竞争优势。截至2019年年底，国内己内酰胺产能约410万吨/年，80%采用中国石化己内酰胺绿色生产成套新技术。目前，中国石化已经成为世界最大的己内酰胺生产商，预计到"十四五"末，中国石化己内酰胺年总产能将突破220万吨。

中国石化不仅树立了中国自主创新技术的品牌形象，更大力推动了己内酰胺民族产业及其下游产业的迅猛发展，使中国许多濒临倒闭的企业起死回生、扭亏为盈，更为世界范围内己内酰胺的技术进步和产业发展做出了重要贡献。

放眼现在，中国已经从己内酰胺全部依赖进口一跃成为己内酰胺世界第一生产大国，自给率从不足15%一路上升至94%，全球市场份额占比超过50%，在国内形成了400亿元的新兴产业，带动了4000亿元下游产业的发展。

展望未来，随着居民收入水平的不断提高和消费观念的转变，人们追求更加舒适、轻便、高端和个性化的服饰，而尼龙的优异特性和极高的差别化率又恰好能满足消费者日益多元化的需求。在消费升级的推动下，全球尼龙的需求将继续快速增长。中国尼龙消费结构中工程塑料占比与发达国家仍有着数倍的差距，意味着尼龙产业存在可观的增量空间。中国石化自主创新开发的环己酮肟气相重排制备己内酰

胺、环己烯酯化加氢制环己酮新工艺均已进入工业化进程，随着新技术的不断工业化，己内酰胺生产成本将进一步降低。中国石化在未来会继续为中国己内酰胺行业的发展提供坚实的技术保障，并为中国尼龙的产品结构性调整创造良好的环境。

己内酰胺绿色生产成套新技术的开发融入了中国石化解决国计民生重大需求的追求，体现了中国石化直面世界重大科技难题，以科技创新实现生产技术国产化、自主化的担当。该项技术不仅是中国石化众多的科研人员和生产人员30余年来合作无间、刻苦钻研而成的智慧结晶，更是一个产学研紧密合作，从绿色化学基础研究到工业应用与推广的全流程开发的典型范例。己内酰胺绿色生产成套新技术的成功开发很好地展现了中国石化塑造企业核心竞争力、解决"卡脖子"关键技术的不屈态度，时刻践行习近平总书记"关键技术、核心技术、高新技术，要靠自己"的指示精神，聚焦国民重大需求；不惧面对世界技术难题，勇于立项攻关，做好长时间跨度、多领域合作的准备；给予项目人、财、物方面的全力支持，组织安排产、学、研三方的实质性密切合作；全力保障技术优势，立足技术优势塑造企业核心竞争力，坚持技术立企兴企强企，加快向技术先导型公司迈进，实现以科技创新引领行业转型升级发展。

多元化布局　跻身汽车零部件主力军

陕西法士特汽车传动集团有限责任公司

陕西法士特汽车传动集团有限责任公司（以下简称"法士特"）以"为中国汽车工业强盛而竭尽所能"为己任，坚持心无旁骛攻主业，矢志不渝谋创新，在追赶超越中跑出了法士特速度。各项经营指标连续 17 年名列中国齿轮行业第一，重型汽车变速器年产销量连续 14 年稳居世界第一，是中国齿轮行业内首家年产销超百亿元企业，已跻身中国汽车工业 30 强、中国机械工业 100 强、中国制造业 500 强、国际国内汽车零部件"双百强"行列。

坚持自主创新和科技进步

依靠自主创新和科技进步，法士特已建成以国家级企业技术中心、院士专家工作站、国家级博士后科研工作站、英国创新中心为支撑的产学研用国际一流创新研发体系，荣获国家科学技术进步奖一等

奖、中国工业大奖表彰奖等国家级殊荣。目前拥有核心技术专利1400余项，技术专利数量与科技创新优势位居中国齿轮行业领先水平，部分自主创新产品的关键技术和核心技术已达到国际领先水平。AT（自动变速器）、AMT（电控机械自动变速器）、S变速器、液力缓速器等多款产品打破技术垄断，占领行业制高点。产品全面匹配于卡车、客车、工程机械、农用机械等领域，被国内外150多家主机厂的上千种车型选为定点配套产品，广泛出口数十个国家和地区，市场保有量超过1000万台，商用车变速器国内市场占有率超过70%。

在向科学中心和创新高地进军中，法士特发挥行业主力军引领作用，将智能制造贯穿于全生命周期，打造了六维智能全价值链数字化神经系统。基于用户画像，智能营销采用O2O（线上到线下）模式，精准定位客户需求，研发协同全产业链资源，VR虚拟配置、大数据处理、数字化设计等实现面向全生命周期的"智慧"管理，深度融合供应链和生产制造全过程，高柔性自动化加工生产线，加工自动化率达到国内领先水平。具有独立自主知识产权的法e行系统，实现了远程故障诊断和可视化维修。通过云数据中心建设、5G+PON网络覆盖、"纵深防御"安保机制构筑等，法士特为智慧企业发展筑牢了安全防线。

加快多元化发展步伐

法士特不断加快技术高端化、产品智能化、生产自动化、市场多元化发展步伐，成功入选首批国家级知识产权优势企业、国家技术创新示范企业、首批制造业单项冠军示范企业和智能制造示范企业。申报的"重型汽车机械式自动变速器开发项目"获批国家"863计划"，"节能重卡变速器智能制造项目"入选国家智能制造试点示范名单；"互联网+"重大工程"面向商用车供应链的协同制造服务支撑平台项目"、智能制造"面向节能与新能源商用车行业多品种传动系统柔性制造工厂建设项目"和绿色制造"节能与新能源商用车变速器绿色设计平台建设项目"得到国家工业转型升级专项资金支持。

面对百年未有之大变局，法士特围绕大战略规划、大品牌建设、大市场运营、大集团发展的总体部署，始终坚持汽车传动系统为主、装备制造业适当多元的发展战略。合资建设中轻卡变速器基地，落成缓速器生产新基地，成立融资租赁公司，进军电子领域，与秦川集团战略协同发展，最大化发挥产业链整合优势；合资合作布局全球，与多家跨国公司深度合作，建有4个合资公司且均由中方控股，在泰国建有独资厂，在白俄罗斯的合资公司即将投产，已形成立足"一带一路"，辐射东南亚、东盟、东欧、北美的产业链布局。

面向未来，法士特以"4321"战略为引领，以4个百亿级业务板块为支撑，坚持"战略引领、创新驱动、顾客先赢、两化支撑、链合发展、文化铸魂"的工作方针，瞄准国际化、多元化、高端化发展方向，加速调结构、转方式、促转型，畅通内循环，激发"双"活力，全力构建"产、供、销、研"战略协同发展新格局，努力打造成世界一流商用车智能方案和综合解决方案提供商，为中国高质量发展、实现汽车强国梦贡献法士特力量。

搭建国家级双跨平台　开放工业互联网生态

海尔智家股份有限公司

基于卡奥斯工业互联网平台的智能制造转型升级示范项目，是海尔智家股份有限公司（以下简称"海尔"）深入贯彻落实制造强国和网络强国等国家战略，大力发展工业互联网、助推供给侧结构性改革、实现高质量发展的重要实践。

依托具有中国自主知识产权的、全球首个引入用户全流程参与体验的卡奥斯工业互联网平台，海尔自主创新大规模定制模式，构建直连用户的互联工厂体系，搭建国家级双跨平台赋能中小企业转型升级，开放工业互联网生态资源，助力防疫抗疫、稳产增效等举措，为全球制造业转型升级贡献中国力量。

自主创新大规模定制模式，牵头首创引领全球的国际标准

海尔颠覆传统大规模制造，自主创新以用户需求为驱动的大规模定制模式，成为唯一被 ISO（国际标准化组织）、IEC（国际电工委员会）、IEEE（电气与电子工程师协会）三大国际标准组织批准牵头制定

大规模定制国际标准的单位。该标准也是全球首个针对制造全过程的国际标准，占领了工业互联网全球制高点。融合人工智能、5G等新技术，海尔打造了具有自主知识产权的全球首个"智能+5G"大规模定制模式及先进技术融合测试验证平台，并通过国家工业互联网平台五星级认证。承接国家标准化战略，海尔已参与68项国际标准、550项国家/行业标准制/修订，成为中国家电行业第一，覆盖了智慧家庭、大规模定制、工业互联网等领域。其中，在工业互联网领域先后主导和参与制定5项国际标准、36项国家/行业标准。卡奥斯工业互联网平台作为欧盟以外首个共建"联邦云"项目的工业互联网平台，通过大规模定制丰富了工业4.0的理念和实践。

构建直连用户的互联工厂体系，持续打造"中国智造"的国际标杆

海尔从2012年开始探索建设以用户为中心的互联工厂体系，不是简单的机器换人，而是用户需求驱动下的全流程、全要素、全价值链的重塑，由大规模制造向大规模定制转型，实现产消合一。依托卡奥斯工业互联网平台，海尔已建成15座互联工厂，生产效率提升60%，产品整体不入库率达75%。以中央空调互联工厂为例，节能达46%，减排达30%。其中，青岛中央空调互联工厂、沈阳冰箱互联工厂相继入选全球"灯塔工厂"，海尔成为全球唯一一个在同一国家拥有两座"灯塔工厂"的企业，并从单一工厂升级为"灯塔基地"，代表"中国智造"在全球树立制造业转型升级标杆。

搭建国家级双跨平台，树立全球企业融通发展的国际标志

海尔开放卡奥斯工业互联网平台，打造产业链、人才链、政策链、资金链全方位一体化的生态圈，通过全流程、定制化解决方案赋能企业转型升级，带动大中小企业融通发展和一二三产业数字化转型，助推新旧动能转换。2019年，卡奥斯工业互联网平台入选国家跨行业跨领域工业互联网平台并位居榜首，目前已赋能15个行业、4.3万家中小企业，成为全球最大的大规模定制解决方案平台。例如：卡奥斯工业互联网平台赋能淄博统一陶瓷有限公司，实现企业成本降低8%以上，生产效率提高32%，收入提高32%，产品溢价提高一倍。

开放工业互联网生态资源，助力防疫抗疫、稳产增效

2020年年初新冠肺炎疫情期间，海尔依托卡奥斯工业互联网平台，48小时上线国内首个医用物资供需对接平台，实现抗疫物资信息汇聚、精准对接和优化调度，并迭代为企业复工增产服务平台和国家应急物资生态平台，支持2100多家中小企业稳产增效。如：赋能山西省临汾市侯马市快速打造首条全自动医用口罩生产线；以全产业链解决方案赋能山东海思堡服装服饰集团、青岛环球集团等服装企业火速转产防护服；为青岛隆菲医疗器械有限公司提供了全流程的端到端解决方案，帮助对接上游和原材料企业，实现口罩生产线快速投产，投产后青岛隆菲医疗器械有限公司通过平台接到了一个大额海外订单，同时链接到国内企业，促进了国内产业链竞争力的提升，构建起了产业新生态。

目前，卡奥斯工业互联网平台已经服务了全球10多个国家和地区，拉动了国内中小企业的产业增长，有效地促进了全球抗疫产业链的双循环发展。

通过不断创新探索，卡奥斯工业互联网平台已成为国家智能制造试点示范、国家工业互联网试点示范、国家重点研发计划中德政府间合作示范、国家基于工业互联网的智能制造集成应用示范平台示范、国家供应链创新与应用试点示范等，并连续3年位居中国工业互联网50佳榜首，为中国经济高质量发展贡献海尔力量。海尔卡奥斯工业互联网平台也成为比肩美国通用电气Predix和德国西门子Mind Sphere的全球三大工业互联网平台之一，为全球企业转型升级提供中国方案。2020年6月，国务院总理李克强考察山东省时，对海尔的卡奥斯工业互联网平台的跨行业、跨领域实践给予了高度肯定："你们不仅把自己的工厂做成了'灯塔'，也赋能其他企业，帮助他们提高了效率，降低了库存。你们用工业的思路来赋能农业，把农民的智慧也融合进来，把餐桌上的需求和农业基地链接起来，这是创新！你们把医疗物资、房车、旅游等生态汇聚到平台上，让它们联动起来，获得很大增值，这做得很好，你们抓住了机会！"[1]

---

[1]　参见《青岛日报》，解码卡奥斯②：无边界生态赋能"百业"，2020年6月12日，第01版。

集成关键技术　打造讯飞人工智能开放平台

科大讯飞股份有限公司

　　作为中国智能语音及人工智能产业的领跑者，科大讯飞股份有限公司（以下简称"科大讯飞"）在智能语音及人工智能行业深耕19年，多次在语音合成、语音识别、自然语言理解、机器翻译等各项国际评测中取得佳绩。

　　讯飞人工智能开放平台及产业示范项目，以产业需求为牵引，集聚产学研合作创新资源，突破感知智能和认知智能关键核心技术；全面集成人工智能核心算法和关键技术，构建以语音、图像、文字识别、语义理解等服务为支撑的开放平台；面向教育、医疗、司法、汽车、客服等重点领域，开展产业示范应用，同时为第三方创新创业开发团队提供基础性、公共性服务，并取得了显著成效。

持续保持关键技术创新引领

　　科大讯飞多项核心人工智能技术处于全球领先地位，其中语音合成技术在 2019 国际语音合成大赛中第 14 次夺得世界冠军；语音识别技术在 2020 国际多通道语音分离和识别大赛（CHiME）中，再次摘得桂冠，成功取得该项赛事 3 连冠，进一步验证了中国《新一代人工智能发展规划》中所提出的"我国语音识别世界领先"的重要结论；口语翻译系统高分通过全国翻译专业资格（水平）考试（CATTI），成为全球首个通过口译资格认证的机器翻译系统；阅读理解技术在国际权威机器阅读理解评测 SQuAD2.0 挑战赛中第四次获第一，全部指标超人类平均水平。

实施"平台＋赛道"发展战略

"平台"上，科大讯飞围绕人工智能开放平台积极构建产业生态链。

讯飞人工智能开放平台以"云＋端"的形式持续为平台创业者和开发者提供人工智能核心能力服务，有效降低创业门槛和创业风险。目前已拥有创新创业开发者团队 150 万家，总应用数 91 万家。通过技术赋能、市场赋能和投资赋能，先后扶持了优必选科技、商汤科技、中科寒武纪科技、安徽淘云科技等数百家优秀创业团队，与超过 4 万家智能硬件厂商建立合作关系。同时，以讯飞人工智能开放平台为基础，全力打造国家级智能语音产业示范基地"中国声谷"，近 3 年带动中国声谷累计销售收入达 1960 亿元，已建成具有全球影响力的人工智能产业集聚核心区。

"赛道"上，科大讯飞在人机交互、教育、翻译、公共安全等行业领域持续发力，效果显著。

助力产业升级，提升国际竞争力。助力手机、汽车、家电等智能制造产业及智能客服等行业实现产业升级，提高相关产业的产业附加值及国际竞争力，根据《2017—2018中国智能语音产业白皮书》，科大讯飞市场占有率排名第一（占有率44.2%），并在多个重要细分领域市场占有率超过60%；同时，开创了翻译机、智能办公本、录音笔等多个全新硬件品类，引领智能软硬件创新。

有效推动义务教育均衡发展，保障国家高考改革的顺利实施。推出的智慧教学系统在全国32个省（自治区、直辖市）广泛应用，服务全国超过35000所学校，惠及8000万师生；智能辅助评卷系统应用于全国31个省（自治区、直辖市）的中、高考及全国大学英语四六级考试中，累计服务考生超过4000万人次；与教育部联合推出全球中文学习平台，累计用户57.6万人次，覆盖全球123个国家和地区。

有效推动民族文化融合和人类沟通无障碍。汉维翻译在新疆推广，月服务3.3亿人次，为25万"访惠聚"下派干部提供双语翻译服务，较好地完成了习近平总书记2016年视察安徽时提出的战略任务。

打击电信诈骗，保障国家信息安全。科大讯飞与公安部共建联合实验室，建立国家级声纹库，取得多个重大成果；推出的讯飞谛听—防范电话诈骗拦截平台已在安徽、上海、山东等10个省（自治区、直辖市）推广应用，安徽省累计挽回经济损失达20亿元以上。

履行社会责任，助力疫情防控

通过人工智能技术，助力疫情防控。科大讯飞推出的"停课不停学解决方案"先后在湖北、安徽等21个省（自治区、直辖市）的6500多所学校实施，累计服务师生人数超过1500万人次；"新冠肺炎影像辅助诊断平台"，3秒即可完成一例患者新冠肺炎辅助诊断；利用智医助理电话机器人可以对30个省（自治区、直辖市）的潜在患者进行筛查和重点人群随访，累计服务人数达5809万人次。

让科技有情怀，让公益暖人心。科大讯飞提供服务听力障碍者、盲人等特殊人群的智能语音语言平台，日服务次数超过5000万次；联合中国聋人协会发起公益行动"听见A.I.的声音"，用语音技术让听障人士通过文字感受世界，累积220万小时转写时长；与教育部、国务院扶贫开发领导小组办公室等合作，实施扶贫攻坚战略，累计服务人数超过90万人次。

"雪龙2"号极地征战

江南造船（集团）有限责任公司

"雪龙2"号极地科学考察破冰船是中国自主建造的第一艘极地科学考察破冰船，是世界首艘具备艏艉双向破冰能力，具备高冰级、耐低温、全季节、高纬度航行能力的科学考察破冰船。由中国船舶工业集团有限公司第七〇八研究所负责总体设计、江南造船（集团）有限责任公司负责总装建造。

2020年11月10日，"雪龙2"号正式起航，执行中国第37次南极科学考察任务。本次考察计划航程3万余海里，预计2021年5月上旬返回上海市。

具有高冰级、耐低温、全季节、高纬度艏艉双向破冰航行能力

"雪龙2"号极地科学考察破冰船采用高等级冰区结构设计，船体设计服务温度为DST：H（-40℃），获得PC3极地冰级附加标志。突破低温服役环境下高强钢超常规焊接技术，保证破冰工况下的船体结构

安全性。船体外板选用高耐磨、耐冲击、耐低温的冰区油漆，能够有效抵抗极地低温环境、风雪侵袭以及浮冰撞击，从而保证本船极区航行的安全性。面对南北两极海域极低温环境，该船自主设计和配置了智能化防寒集成控制系统。在甲板机械、救生设备、消防设备、舱面属具、轮机系统、电气装置、舱室环境以及全船通风等各方面均配备了相应主动或被动防寒措施。具备环境感知、信息传输、系统处理、分区控制能力，可通过外部环境温度探测，分区控制防寒措施起停，确保安全性与节能性。"雪龙2"号首次采用双向破冰线型设计，安装两套全回转吊舱式推进器，每台推进电机功率7500kW，同时配备4台中速主发电机（2×6796kW+2×4514kW）和1台停泊发电机（1140kW），为极地破冰提供了良好的动力输出。艏、艉向破冰可在1.5m厚的层冰加20cm的雪中达到2kN~3kN连续破冰速度。双向破冰具有机动性、快速性、易操纵性、耐波性。

摸边探底、潜力评估，可全方位进行极地海洋科学调查

"雪龙2"号极地科学考察破冰船全面搭载国际先进的海洋科学综合调查系统，配备大气环境、水体环境、海洋生态、地形地貌及海洋地震等各类调查系统，同时配备沉积物和底栖生物、水下观测等采样系统，全面具备自高空大气透过海气界面直到海底的综合科学考察和资源调查功能，构建了大范围多学科立体探测网系统。该船创新设计了下沉式箱型龙骨、冰区连续工作表层海水采集、消波和环绕加热水密通海月池等，攻克了极地科考船声学设备受浮冰和气泡干扰、取样系统受碎冰堵

塞、破冰船月池浸水冰冻的难题。实验室采用模块化和柔性设计，优化实验室布局功能，改善了极地科考的工作环境，提高了科考工作效能。

采用智慧船舶设计，具有主体监控、智能决策能力

"雪龙2"号极地科学考察破冰船首次在极地破冰船上设计应用智能船舶技术，作为全回转电力推进船舶，同时获取中国船级社智能船舶规范i-SHIP（Hm）和i-SHIP（M）船级符号，在国内尚属首次。整船配备先进的船体结构安全监测系统，能够对船舶的局部强度、疲劳强度、总纵强度、局部振动、冰载荷进行有效的实时监测，并能够消除局部温度差异带来的影响。整个系统不仅保障了船体结构安全，同时对全生命周期运营和维护有重大意义。其中，冰载荷反演系统在两极破冰航行过程中，能够区分不同的危险等级，辅助船长做出重要的航行决策。配备智能机舱系统，能对主柴油机、电力推进系统、机舱辅助设备进行状态监测、故障诊断、健康评估，并为船舶操作提供决策建议，从而最大限度地保障船舶远洋航行的安全。另外，该船还采用智能化实验室设计方案，可以实现各项科考试验数据信息的精确感知和实时传输与处理，满足极区通信管理、科考数据管理、科考作业管理、船舶综合管理等多业务信息化需求。

具有较高的船舶舒适性，水下辐射噪声能满足声学设备的工作条件要求

在12节、15节航速以及动力定位3种工况下，"雪龙2"号极地科学考察破冰船均完全满足并优于中国船级社和英国劳式船级社COMF-2级舒适度要求。其中，12节航速考核时，所有居住舱室达到了CCS和LR舒适度1级要求，生活环境舒适度全面提高。水下辐射噪声，在6kN工况下，整体低于ICES-209限值曲线，在11kN工况下，125Hz以下频段与2500Hz以上频段整体低于ICES-209限值曲线；在声学设备集中的频率段（12kHz~350kHz）未出现任何干扰噪声，为水体环境调查、海洋生态调查、地形地貌调查等使用声学设备进行科考探测的设备仪器，创造了较为良好的作业环境。

　　"雪龙2"号极地科学考察破冰船的入列，增强了中国极地科学考察的能力，实现了"双龙探极"，是落实国家极地安全战略，维护国家极地区域权益的重要保障。

陕鼓能源互联岛系统解决方案成高质量发展新引擎

陕西鼓风机（集团）有限公司

陕西鼓风机（集团）有限公司（以下简称"陕鼓"）是中国分布式能源领域的系统方案商和系统服务商。紧跟绿色发展趋势，陕鼓战略聚焦分布式能源，瞄准能源高效利用和环境保护中的痛点问题，为流程工业、智慧城市、"一带一路"等领域客户提供以能源互联岛系统解决方案为圆心的设备、工程、服务、运营、供应链、智能化、金融7大增值服务，助力客户实现能源的高效循环利用和绿色高质量发展。陕鼓6次获得国家科学技术奖，先后荣获中国工业大奖、国际十大节能技术和十大节能实践奖、世界制造业大会创新产品金奖等诸多荣誉。陕鼓能源互联岛被评为中国工业首台（套）重大装备和技术示范项目和中国十大"能源互联网"示范项目。

图1　陕西鼓风机（集团）有限公司

聚焦能源利用问题

在落实"四个革命、一个合作"的能源战略进程中，陕鼓深刻认识到中国能源利用中存在的问题：第一，中国工业能耗占全国能源消耗总量的80%，节能降耗潜力巨大；第二，能源利用中水、冷、气、电、暖等生产元素相互割裂，效率低、成本高；第三，工业园区的水、电、热、气等的利用存在设施分散、能耗较高等问题；第四，智慧城市建设中缺乏能源智慧高效综合利用的系统解决方案；第五，中国以及"一带一路"沿线国家的万元产值GDP（国内生产总值）能耗水平处于高位，降本增效空间巨大。

创新"能源互联岛"智慧绿色方案

基于对能源利用问题的系统认识和思考，陕鼓依托50余年能源领域创新经验，创新能源互联思维，在能量转换设备技术、智慧能源循环利用技术、不同禀赋能源利用技术与优势技术的支撑下，从全流程全区域供能、用能、能量转换的角度出发，将可再生、清洁及传统能源高效耦合集成。以智能管控、专业运营模式，实现区域内能源流、物质流及信息流的互联的综合利用，实现了冷、热、电、风、水、废、气、油、交（通）等多元生产要素的联供，实现土地集约、运营集约、功能集约、设备集约。该方案的实施有效提升了能源利用效率，大幅降低了用户运营成本。

陕鼓创新研发的能量转换设备智能化系统优化技术，地热、太阳能、风能等清洁能源智能综合利用技术，工业污水及固废无害化处理回用技术，智能化能源调峰利用技术等核心关键技术使陕鼓能源互联岛具备能源供给侧、需求侧、技术侧三大互联的特征，形成了自学习、自调节的智慧能源管理系统和高效的能源运营管理交易平台。

市场成效显著

陕鼓在临潼生产区建成全球首个能源互联岛运营中心，项目实施后节约土地50.25%，节约天然气36.9%，减少工作人员58.6%，年运营综合成本降低24.5%，二氧化硫排放量下降52%，二氧化碳排放量下降52%，氮氧化物排放量下降27%。该项目的实施及取得的成效使陕鼓临潼生产区成为全球透平行业耗能最低、排放最少的智能制造基地。

陕鼓能源互联岛系统解决方案广泛应用于流程工业、"一带一路"、智慧城市等多个领域。在流程工业领域，陕鼓能源互联岛使某500万吨级钢铁联合企业能效升级优化项目的能源利用率提升3%～5%，能源回收率提高10%～15%，吨钢成本降低4%～6%，人员减少近100人，每年增加效益不低于1.5亿元；在石油化工领域，陕鼓能源互联岛使某企业550万吨/年重油催化热裂解项目的能源利用率提升3%～5%，能源回收率提高8%～10%，吨产品成本降低100元，人员减少120名，每年增加效益不低于1.2亿元；在智慧园区领域，陕鼓能源互联岛使某领军商用车制造企业的园区占地减少15%，运营人员减少50%，中水回用率达到100%，大幅减少二氧化碳、二氧化硫、氮氧化物等的排放，实现单车能耗降低5%；在"一带一路"沿线市场，陕鼓能源互联岛系统解决方案使塞尔维亚钢铁企业吨钢成本降低100～150欧元。

助力能源革命新引擎

陕鼓能源互联岛的创新实践和市场应用不仅推动了能源领域的绿色革命，也加速推动了先进制造业与生产性服务业的深度融合。近3年来，陕鼓发展连创新高，主要经济指标连续3年呈两位数增长；2020年1—10月，陕鼓销售合同额同比增长115.56%，营业收入同比增长达到60.14%；陕鼓连续16年经营绩效全行业排名第一。国家工业和信息化部在全国工业领域推广"陕鼓模式"，陕西省政府、西安市政府多次将"陕鼓模式"写入政府工作报告。

目前，"碳中和"及"零碳中国"目标正引领能源革命的步伐，陕鼓将继续秉承"为人类文明创造智慧绿色能源"的企业使命，不忘初心，砥砺奋进，以"能源互联岛"智慧绿色系统解决方案和系统服务深度聚焦流程工业、智慧城市、"一带一路"等市场领域客户需求，助力全球客户节能降耗，优化资产结构，提升核心竞争力，为国家经济和社会高质量发展持续输出"陕鼓方案"。

特高压输电项目走出国门　彰显中国力量

国家电网有限公司

巴西美丽山特高压输电二期项目（以下简称"项目"）是巴西最大的输电工程，也是目前世界上输电距离最长的 ±800 千伏特高压直流输电工程，作为巴西电网南北互联互通的主通道，由国家电网有限公司（以下简称"国家电网"）独立投资、建设和运营。

作为中国具有完全自主知识产权的重大创新成果，巴西美丽山项目还是特高压输电技术首次在海外亮相，彰显了中国力量。

工程起于欣古换流站，跨越帕拉、托坎廷斯、戈亚斯、米纳斯吉拉斯和里约共 5 个州 81 个城市，止于里约换流站。线路全长 2539 千米，输送容量 400 万千瓦，电压等级 ±800 千伏。国家电网于 2015 年 7 月中标项目，获得 30 年特许经营权，2019 年 10 月投运。项目实现了清洁水电"远距离、大容量、低损耗"输送，增进了中巴务实高效合作，促进了两国人民民心相通，是中巴电力能源领域合作新的重要里程碑。

贡献中国方案，成为中国走向世界的新名片

项目是中国"一带一路"建设的典型项目，是"一带一路"建设和国际产能合作在南美的重要成功实践。2017年9月，在习近平主席和巴西总统的共同见证下，项目获得开工许可和投运许可。

项目是巴西美丽山水电站的送出工程，可以有效解决巴西北部亚马孙流域清洁水电外送和消纳难题，完善巴西国家骨干电网架构，有力支持和服务巴西经济社会发展。项目年送电量可达200亿千瓦时，可满足巴西东南部里约、圣保罗等核心地区2200万人口年用电需求。该项目的实施打造了贯穿巴西南北大陆的"电力高速公路"，为实现巴西能源安全稳定供应贡献了"中国方案"。

输出中国创造，带动国家品牌亮相国际市场

国家电网在项目建设和实施过程中，全面采用中国特高压技术和标准，实现了中国特高压"投资、建设、运营"和"技术、标准、装备"两个一体化全产业链、全价值链协同"走出去"，带动换流变、换流阀、直流控保装置等近50亿元国产高端电力装备进入国际市场，带动西电、南瑞、平高等一批中国电力"国家品牌"在巴西亮相。

工程直流解锁、单极大负荷试验等238项系统调试项目均一次完成，充分检验了中国特高压直流系统设计指标、设备安装工作质量，尤其是换流变压器、换流阀、控保系统等设备经受住了大负荷试验（1.33倍过负荷）考核，性能完全符合预期。依托项目顺利实施，输出

了中国创造，带动国产电工装备亮相国际市场，对于提升中国装备企业全球竞争力、推动工业转型升级具有重大意义。

实现中国引领，创造多项世界电力工业领域新纪录

项目是中国特高压自主知识产权设备和核心技术在海外的首次成功应用，创造了多项世界新纪录，建成了目前全球同电压等级输电距离最远、直流滤波器性能指标最高、首个两回特高压直流工程联合协调控制的 ±800 千伏特高压直流输电工程，获得相关协会科学技术进步奖 4 项、QC（质量控制）奖 5 项，以及发明专利授权 7 项、实用新型专利 5 项。

工程能耗指标达到国际领先水平，完全满足巴西监管要求，换流站损耗不超过额定功率 0.75%，导线等效电阻值不超过 0.00672 欧姆/千米，折合双极线路最大损耗不超过额定功率 0.15%。工程满足巴西当地法律法规和技术规范要求，结合中国特高压直流技术标准，实现了中国特高压输电工程技术水平、管理能力和巴西本地化实施方案的有机结合。工程投运以来，直流系统运行安全稳定，实现了电力可靠供应。

彰显中国力量，实现中巴互惠共赢

项目遵循"共商、共建、共享"理念，坚持本地化运作，实现中巴互利双赢、共同发展。换流站交流设备和直流线路材料等 60% 以上设备、材料和施工服务来自巴西本地，带动了当地电工装备上下游产业链发展；同时，为当地提供了约 1.6 万个就业岗位，依法合规贡献税

费，显著拉动经济社会发展，造福当地人民。

项目是巴西近10年来第一个零环保处罚的大型电力工程，获评2019年度巴西社会环境管理最佳实践奖，成为满足环保要求、合法经营的国际项目典范。

项目高质量提前投运，3年可收回全部股东投资，30年运营期经济效益显著。

让中国超导走向世界

西部超导材料科技股份有限公司

西部超导材料科技股份有限公司（以下简称"西部超导"）成立于2003年，是国际上唯一一家实现低温超导合金棒材、超导线材、超导磁体全流程生产的企业，也是我国新一代战机和大飞机等重点型号用特种钛合金材料主要研发生产基地，于2019年7月首批登录科创板。

公司以"服务国防、造福人类"为宗旨，坚持自主创新，依托国家级企业技术中心、超导材料制备国家工程实验室、特种钛合金材料制备技术国家地方联合工程实验室、博士后科研工作站等创新平台，研发和生产国家急需的新材料、新技术，致力于打造国际一流的专业化科技创新型企业。

十四年不懈努力，完成ITER项目超导线材交付任务

国际热核聚变实验堆（International Thermonuclear Experimental Reactor，ITER）计划是当今世界规模最大的国际合作计划之一，是受

控核聚变能走向实用的关键一步。中国2003年开始加入ITER计划，初衷之一就是掌握低温超导线材的工程化制备技术等一系列核聚变关键技术。为此中国承担了ITER总量64% NbTi超导线材（174吨）和7.5% Nb_3Sn 超导线材（35吨）的实物贡献，价值5.97亿元。西部超导经过14年的不懈努力，开发出ITER用高性能NbTi和 Nb_3Sn 超导线材制备整套关键技术，建成了国际一流水平的生产线，实现了批量化生产，于2017年代表国家完成了ITER项目的超导线材交付任务，成为我国执行ITER项目的典型成功范例。

攻克MRI关键技术，推动我国超导产业进入国际市场

超导磁共振成像（MRI）是现代医疗影像诊断最重要的手段之一，我国医疗用MRI市场前景十分广阔。而高尺寸精度、高稳定超导线材制造技术长期被发达国家垄断，因此我国超导MRI用线材基本依赖进口，这严重制约我国MRI普及和产业化的发展。西部超导经过多年集中攻关，在已有ITER超导线材制备技术基础上，攻克了MRI用高性能NbTi超导线材批量化制备关键技术难题，打破了国际垄断，填补了国内空白，稳定批量交付上海联影医疗科技有限公司、宁波健信核磁技术有限公司、西门子、通用电气等国内外用户830吨产品，实现产值2.3亿元，提升了我国MRI产业的工业化水平和自主能力，推动了我国超导产业全面进入国际市场。

超导技术是为人类未来带来巨大变革的颠覆性技术，超导材料是我国重点发展的前沿新材料之一，是磁约束聚变反应堆、粒子加

速器和高磁场前沿科学研究的关键基础材料。西部超导相继开发了更高性能的NbTi超导线材和Nb$_3$Sn超导线材，用于中国聚变工程实验堆（CFETR）、环形正负电子对撞机和超级质子对撞机（CEPC–SPPC）、"十三五"重大科技基础设施项目"聚变堆主机关键系统综合研究平台"等国家大科学工程和高场前沿领域研究，保障了国家战略急需。

ITER项目开发了ITER项目用NbTi和Nb$_3$Sn超导线材批量化制备技术，并成功推广到MRI用超导线材、大科学工程用高性能超导线材。项目在执行期间，西部超导获发明专利授权26项、发表学术论文15篇，主持和参与起草低温超导线材国家相关标准5项。NbTi和Nb$_3$Sn超导线材综合性能指标及性能稳定性分别在2014年和2017年被院士专家鉴定为国际领先水平。项目成果荣获2015年度国家技术发明奖二等奖、2014年陕西省科学技术奖一等奖和2018年陕西省科学技术奖一等奖。

中国通过参与ITER计划培育了西部超导和中国的低温超导线材产业。作为中国唯一低温超导线材产业化公司，西部超导不忘初心，牢记使命，不断提升超导线材产品的性能和质量水平，为国家大科学工程提供坚实的超导材料基础，为中国的超导材料走向世界做出自己的贡献。

聚焦可再生能源发电创新与应用

阳光电源股份有限公司

阳光电源股份有限公司（以下简称"阳光电源"）是一家专注于太阳能、风能、储能等可再生能源发电设备的研发、生产、销售和服务的国家重点高新技术企业。主要产品有光伏逆变器、风电变流器、储能系统等，并致力于提供全球一流的可再生能源发电系统智慧解决方案。

自1997年成立以来，阳光电源始终专注于可再生能源发电领域，坚持创新驱动发展战略，逐步建成了全球一流的科研创新平台。先后承担了20余项国家重大科技计划项目，主持起草了多项国家标准，综合实力跻身全球可再生能源行业第一方阵。

聚焦可再生能源发电与储能系统关键技术研发

当下，全球能源格局正在发生深刻变革，保障能源安全、发展可再生能源成为我国基本国策。2016年4月，中共中央总书记、国家主席习近平视察阳光电源智慧能源发电系统，对公司在可再生能源发电领域的创新与应用探索给予了充分肯定。

为贯彻落实国家能源发展战略，针对可再生能源出力的间歇性、波动性等特点，阳光电源开展的国家可再生能源发电与储能关键设备及系统产业化示范项目聚焦可再生能源发电与储能系统关键技术研究、核心装备研制和产业化推广应用，提供行业领先的可再生能源发电系统全生命周期智慧解决方案，积极推动"四个革命、一个合作"能源发展战略在可再生能源产业落地，不断取得显著成效。

项目团队围绕自主核心技术持续创新，率先解决高效电能变换、安全应用等行业技术难题，产品和技术不断赶超国外，设备批量销往全球120多个国家和地区，逆变器出货量连续多年位居全球前列，并迫使德国西门子股份公司、美国艾默生电气公司等国际巨头先后退出国内逆变设备市场。

项目团队努力推进智能制造，深入开展两化融合，打造全球最大的可再生能源电源设备生产企业，公司入选首批国家级绿色工厂、服务型制造示范企业，逐步向零碳工厂转型。

项目团队大力践行"两山"理论，率先探索"可再生能源发电+"应用模式，创新推出可再生能源多能互补解决方案，研制推广智慧能源管理系统，示范建成全国首个生态修复项目，推动煤矿采沉区转型，首倡"光伏扶贫"，认真履行社会责任，开创中国光伏平价上网先河，引领全球光伏储能项目示范应用；积极响应"一带一路"倡议，拓展

海外市场，努力输出中国智慧，助力行业高质量发展，可再生能源发电已成为除高铁外的又一张国家名片。

项目落地效果显著，全球竞争力持续提升

2019年，项目实现营业收入129.4亿元，同比增长25.6%；实现利税13.3亿元，同比增长15.2%；实现进出口5.3亿美元，同比增长88.3%。2020年以来，项目团队努力克服全球新冠肺炎疫情、美国贸易保护等不利因素，持续加大研发创新投入，积极推进光储融合创新，产品竞争力大幅提升；大力推进全球化战略，充分发挥全球营销、服务及供应链优势，深耕重点细分市场，全球竞争力及影响力持续提升，2020年上半年业绩快速增长，市场占有率进一步提升。

截至2020年6月，本项目下的逆变设备全球累计装机量突破120吉瓦；累计为全球1000多个重大储能项目提供了储能系统解决方案；累计开发建设光伏、风力电站超12吉瓦，业务遍及全国各个省（自治区、直辖市），平价竞价项目累计开发建设规模超6吉瓦，累计光伏扶贫超35万户。

2020年1—8月，项目累计实现产值114.5亿元，同比增长56.6%；累计实现进出口4.96亿美元，同比增长39.5%。2020年全年，项目有望实现产值200亿元，实现进出口8亿美元。

未来，项目团队将在习近平生态文明思想的引领下，牢牢树立创新、协调、绿色、开放、共享的新发展理念，秉承"让人人享用清洁电力"的使命，继续深耕可再生能源发电与清洁电力转换技术，不断

推动行业整体技术水平提升，创新引领行业示范应用，大力推进产业转型升级，加速构建高比例可再生能源供电的绿色电网，助力国家能源安全体系建设完善和美丽中国建设，推动疫情后世界经济"绿色复苏"，为推进人类实现可持续发展做出更多的积极贡献！

8.8米智能超大采高综采工作面成套装备填补空白

神华神东煤炭集团有限责任公司

  8.8米综采成套装备研发于2014年9月立项，先后组织16家科研院所、设备制造厂家进行联合攻关，投资11.5亿元，于2018年3月20日建成了世界首个具有完全自主知识产权的超大采高智能综采工作面。

  2019年9月4日项目顺利贯通，累计生产煤炭1853万吨。自"8.8米智能超大采高综采成套装备研发与示范工程"项目实施以来，取得了诸多创新与实践成果。

  该项目结合超大采高综采工作面的安全保障需求，提出了区域分析理念，并利用大数据分析，从"人、机、环、管"等方面综合监测和评估，建立了完整的超大采高综采工作面安全保障体系，为超大采高综采工作面安全运行提供了支持。同时，采用顶板位移自动监测、红外束管监测和光纤测温监测等安全防护措施，有效治理了顶板、火灾、粉尘等重点灾害，形成了评估、预警、治理、评价为一体的技术标准。该项目是国家重大研发课题，更是安全绿色智能开采的一项系统工程。

关键核心技术突破

煤炭是我国的主要能源，占全国能源消费总量的57.7%，已探明储量占化石能源总量的96%以上。神东矿区作为我国主要煤炭生产基地，5.5米以上厚煤层占矿区资源储量的28.7%。

神华神东煤炭集团有限责任公司（以下简称"神华神东煤炭集团"）通过多年的创新实践，取得了丰富的5.5米以下厚煤层一次采全高技术成果。经综合比较，一次采全高技术仍是5.5米以上特厚煤层开采方式的最优选择，但也存在围岩控制、关键装备研制、协同控制开发、生态环境修复四大关键问题。

因此，开展5.5米以上厚煤层一次采全高综采关键技术与装备攻关，建成超大采高综采工作面，对厚及特厚煤层绿色、安全、高效、智能开采具有重要意义。

2003年以来，神华神东煤炭集团通过系统攻关与工程试验，破解了四大技术难题，相继研发了5.5米、6.3米、7.0米、8.0米超大采高综采技术。

神东矿区8～10米厚煤层地质储量约为20亿吨，如何实现特厚煤层"安全、高效、绿色、智能"回采是亟待解决的问题。该项目对"卡脖子"技术难题进行重点攻关，在超大采高综采工作面围岩控制理论与技术、关键装备研发、多设备协同控制与辅助决策系统开发，安

全预警管控关键技术、地表生态环境保护以及工作面安装、回撤关键技术等核心技术领域进行重点突破，并成功实施。8.8米智能超大采高综采工作面成套装备、工艺及关键技术的成功研发和应用，为类似条件下的特厚煤层开采提供了示范。

我国特厚煤层开采实现全面突破

该项目的成功实施，标志着我国特厚煤层开采实现了从技术引进到自主创造的全面突破，与同行业比较具有八大特色。

——井工采矿技术全球最先进。井工采矿技术达到国际领先水平，综采工作面年回采煤量1600万吨，相当于5个特大型煤矿或898万吨原油。

——采矿装备全部实现国产化。成功开发了世界能力最大的采煤机、液压支架、刮板运输机、泵站系统、胶带机及配套设备。

——工作面智能化程度最高。创建了集回采、运输等多设备协同作业与控制的专家辅助决策平台，实现了远程精准集中控制，工作面智能化程度业界领先。

——安全保障水平最高。应用物联网、大数据和网格化安全分区技术，建立了五大灾害预警预控系统，实现了系统低风险、安全零伤害。

——行业跨越提升效果显著。依靠自主创新成果，"五井变一面"，推动了安全高效矿井和绿色矿山建设，促进了行业跨越提升。

——综合技术指标国际领先。全员工效是世界先进水平的2.4倍，单面产能是我国领先企业的4.83倍，再次刷新了世界井工开采新纪录。

——综合效益指标行业最佳。项目低成本和高效益优势显著，成本费用占营业总收入比重低于优秀行业24.43%，资产报酬率是行业优秀值的5.48倍，盈利能力行业最佳。截至2020年7月底，8.8米智能超大采高综采工作面累计产煤3066万吨，销售收入103.98亿元，实现利润66.01亿元。

——绿色清洁化区域最好。应用水资源保护与利用等三大技术，矿井水复用率和生态修复率达到100%；吨煤能耗为0.83千克标煤/吨，仅为行业平均水平的7.6%，并建成全国首批绿色矿山。

带动了我国大型煤炭基地建设

该项目发挥了能源安全保障作用，带动了我国13个大型煤炭基地建设，为国家能源安全做出了重要贡献。

在推动行业高质量发展方面，该项目支撑的千万吨矿井数量占全国20.5%，带动了行业规模化生产方式的转变，提升了我国煤矿装备制造业整体水平，推动了煤炭行业高质量发展。

在促进西部区域经济发展方面，该项目解决就业人员100余万，带动区域年利税费增加1000多亿元，社会综合效益显著，促进了西部区域经济可持续发展。

在提升区域生态环境质量方面，植被覆盖率由开发初期的3%~11%提高到64%以上，植物由16种增加到近100种，年风沙天数由25天以上减少为3~5天，区域生态环境持续改善。

新型纺纱智能化改造项目

安徽华茂纺织股份有限公司

安徽华茂纺织股份有限公司（以下简称"华茂"）是有着60多年历史的国有纺织上市企业。华茂创造了连续46年保持盈利的优良业绩，被誉为"中国纺织行业一面旗帜"。华茂是目前唯一的中国棉纺织精品生产基地和纺织行业环锭纺纱技术创新中心。

华茂连续多年跻身中国棉纺织行业竞争力20强企业，是国家级"绿色工厂"、国家知识产权示范企业。2017年，华茂是行业内首家荣获工业和信息化部智能制造试点示范（棉纺智能工厂）称号的企业。2019年再获工业和信息化部棉纺智能制造"双创"示范平台称号。

华茂秉承使命担当，积极推动行业互联网、大数据、人工智能和棉纺产业深度融合，实施智能制造，为传统产业转型升级、建设纺织强国走出一条新路子。

技术创新，在关键领域取得重大突破

如今，传统纺织车间里千人纱、万人布、漫天飞絮的景象已不见踪影，取而代之的是成排的自动化机器，清洁、整齐、舒心的环境，随处可见的监控设备实时显示着产量、质量、设备运转、能耗等信息。

2017年，华茂联合国内纺织机械生产厂家、软件开发商及有关院校，反复讨论智能工厂技术方案、工艺路线和投资成本，在原有容纳10万纱锭规模的老厂房基础上，进行智能化升级改造，建成了当今全球单体规模最大、技术领先的15万锭棉纺智能纺纱工厂。

新型纺纱智能化改造项目开发出了多项拥有自主知识产权的纺纱智能制造工艺技术，实现了关键领域的重大技术突破。

在国内首创棉花"气流除杂，柔性开松"上的关键核心工艺技术（已获专利）。使用该技术既能提高棉花杂质的清除效率，又能减少棉花在开松过程中纤维的损伤。

在国内首创"大牵伸、高速度"的取消齿轮传动的细纱工艺系统核心技术（已获专利）。此项技术为智能化、自动化生产提供了必要条件；同时，使得前纺的设备配置大幅减少，既节约了厂房等综合资源，提高了生产效能，又降低了投资成本。

在国际上首次研发应用了单锭质量可追溯系统（已获专利）。华茂集成运用物联网技术，首次在行业内开发运用了全流程单纱质量跟踪和追溯系统。该系统攻克了纺纱在线质量控制和可追溯行业历史难题，填补了国际空白。

项目集成运用大数据技术，自主研发了可推广的华茂生产制造执行系统（H-MES）（已获得国家软件著作权）。该系统实现了全流程数据采集、人机交互、伺服控制和机台数据写入，并与SAP ERP系统、OA（办公自动化）系统、能源管理系统（EMS）等信息技术高度融合，互联互通。

项目集成运用互联网技术，首次在行业内实现客户远程在线监控订单详情。通过电子看板、手机App（第三方应用程序）、平板电脑等平台，实现了基于客户需求的生产现场可视化。

项目联合开发了国际先进的全流程国产核心智能纺纱装备，大大提升了我国棉纺核心智能装备制造水平，完全可以替代进口。

项目在国内棉纺织行业内首次运用EMS能源智能管理系统。通过实施EMS能源智能控制，大大改善生产环境，使得生产能耗得到下降，产品单耗处于行业领先水平。在绿色生产、清洁生产上起到示范和引领作用。

示范工程，助推棉纺行业转型升级

项目投产3年来，实现了生产工艺、自动运输、在线检测、智能仿真和信息化五大功能数字化集成与智能生产的稳定运行，体现了国产棉纺智能制造系统的可靠性和稳定性。这为推动我国棉纺行业转型升级，实现高质量发展，提供了有效的解决方案，取得了良好的经济效益。

项目的棉纺智能工厂解决方案，已经在山东魏桥纺织股份有限公司、浙江百隆针织有限公司、江苏天虹纺织集团有限公司、湖北裕大华华立染织有限公司等纺织骨干企业得到应用。2018年7月，安徽省经济和信息化厅在华茂召开的全省纺织行业智能制造现场会，积极推动了安徽省纺织行业智能制造的发展。项目成为我国棉纺行业技术进步、转型升级和高质量发展的示范工程，为促进地方经济发展，建设纺织强国做出了积极贡献。

为传统空冷业务注入高科技新活力

双良节能系统股份有限公司

双良节能系统股份有限公司（以下简称"双良"）智能化全钢结构间接空冷系统的研发及应用项目，是在贯彻习近平总书记"绿水青山"生态文明思想，响应国家发展改革委《绿色生活创建行动总体方案》通知要求，大力发展钢结构和装配式建筑，推动绿色建筑高质量发展的大背景下应运而生的。

着眼生态文明建设与高质量发展协同推进

双良世界级智能化全钢结构间接空冷系统以"不超过混凝土塔中钢筋的用钢量来设计、建造一座全钢结构间冷塔代替混凝土塔，从而节省砂、石自然资源"为项目实施理念，以"用最少的资源消耗建造投资最省、效率最高的间冷塔"为项目实施目标。一座660MW火电厂，可节省工期6个月，节省投资10%。此外，全钢结构间冷塔服役期满，钢结构材料可直接回收利用，无固废处理，残值高，符合国家资源储备整体布局，可以说建造全钢结构塔就是在建造"城市矿山"。

目前，双良已陆续建设内蒙古能源发电投资集团有限公司锡林热电厂2×350MW超临界供热机组间接空冷系统、陕西能源麟北发电有限公司2×350MW烟塔合一钢结构间接空冷系统、华能宁夏大坝电厂四期工程2×660MW高效超超临界间接空冷燃煤发电机组、新疆信友能源投资有限公司2×660MW发电机组工程间接空冷系统，国电双维内蒙古上海庙能源有限公司2×1000MW钢结构间接空冷系统工程。从自主研发到工程应用，从350MW到1000MW，装机容量、单体规模不断刷新世界纪录，已建成世界体量最大的钢塔。从两机一塔到烟塔合一，从单层布置到双层布置，从DCS（分布式控制系统）控制到智能化运维，双良每建一座钢塔就实现一项技术突破，刷新一次行业标准，持续引领行业技术水平。

着力解决自主核心技术研发和市场需求痛点问题

智能化钢结构间接空冷系统采用了钢结构塔技术、双层高效传热数字化智能化技术两大核心技术，与传统的采用钢筋混凝土塔体结构的间接空冷系统相比具有冷端效率高、抗震性能好、建设投资少、施工工期短、施工更安全等优势。随着国内火电机组发展的大型化，优势会越趋明显。

在项目实施过程中，双良探索建立了一整套自主研发结合产学研合作的研发创新体系，进行了钢结构塔风工程研究、钢塔结构设计研究、钢结构塔施工技术研究、间冷防冻技术研究、双层高效传热技术

研究、光纤光栅传感温度场智能化技术研究等10余项课题研究，攻克了钢结构间接空冷系统设计、制作、施工各环节的关键技术，实现国内首台工程应用。

高质量发展和生态文明建设成果显著

该项目技术水平达到国际领先，填补行业空白9项，其中国际5项，取得重大创新成果。该项目荣获第十三届中国钢结构金奖工程、2019年度电力建设科学技术进步奖、2020年度中国电力优质工程等五项荣誉。在该项目的带动下，双良获得国家授权专利82项，其中发明专利20项，获得软件著作权1项；双良主导或参与制定国家标准1项、行业标准5项、团体标准3项、企业标准2项。

节能减排、保护资源，环保价值显著。以2×660MW火力发电厂为例，采用智能化钢结构间接空冷系统可节省混凝土（砂、石、水泥）约30万吨，减排二氧化碳约72000吨；降低冬季运行背压节约标煤约7920吨/年，减排二氧化碳约20750吨/年。双良已建的钢结构间接空冷系统工程已节省混凝土（砂、石、水泥）约100万吨，减排二氧化碳约24万吨；已建机组节煤26400吨/年，减排二氧化碳69000吨/年。

增加发电企业收益，实现客户价值提升。项目的实施为发电企业切实增加了收益。同样以2×660MW火力发电厂为例，采用智能化钢结构间接空冷系统相比传统混凝土塔间接空冷系统节省投资10%，约3500万元；降低冬季运行背压3000帕，节省煤耗7920吨/年，节省燃煤费用396万元/年；缩短工期早投产发电6个月，发电企业增加营收1.98亿元；降低水阻20%，节省厂用电693万度，节省电费138万元/年。

行业示范意义重大，企业自身得到健康发展。项目的实施使双良自身盈利能力得到提高，企业发展更健康。双良间接空冷产品销售额从2017年的60535万元增长到2019年的112877万元，净利润从4.2%增长到9.6%。双良近5年市场占有率位居行业第一。

党中央号召"把核心技术牢牢掌握在自己手中"。双良智能化全钢结构间接空冷系统项目的实施体现了中国企业特别是民营企业的创新与担当。该项目利国（环保，减少资源开采）、利企（减少投资，缩短工期）、利民（改善生态环境），是能源行业的创新型工程、资源节约的标志型工程、循环经济的示范型工程、智慧建设的代表型工程，为国家传统制造向服务型"智造"转型，中国制造走向中国创造助力。

打造民族日化领军企业

广州立白企业集团有限公司

广州立白企业集团有限公司（以下简称"立白集团"）是民族日化领军企业，创建于1994年，总部位于广州市。立白集团以"世界名

图1　立白集团总部大楼

牌　百年立白"为愿景，以"健康幸福每一家"为使命，以"立信、立责、立质、立真、立先"为核心价值观。

随着物联网、大数据、工业云及移动应用等新一轮信息技术的发展，制造业转型升级已进入实质性阶段。新时代背景下，面对激烈的国内外竞争环境，如何实现"世界名牌　百年立白"的战略目标，是对立白集团发展的智慧考量。

实施数字化转型升级，为企业发展增添新的动力源泉

进入数字经济新时代，立白集团以"1+2"战略为指引，致力于成为一家"品牌引领、数字经营、富有创新、富有活力"的智慧企业：通过打造品牌集群，满足消费者在家内外的全场景清洁、护理、健康需求；通过实现全面数字化运营，开放数字化营销通路平台和研产供一体的产业平台，赋能合作伙伴；通过孵化手段，加速突破单一产业局限，助力新渠道、新品类、新品牌的落地。

为更好地推进立白集团的数字化转型，立白集团从业务应用、IT（互联网技术）架构、组织机制建设等各个环节进行评估、分析、研究，制定整体数字化战略，并基于整体能力，打造立白集团在数智化转型方面的五大能力，并解决相应问题。一是解决消费者链接、互动、洞察的问题，提升品牌黏性，实现"品牌引领"，即"1+2"战略的"1"；二是解决产品创新问题，保障需求准确性以及前后端产品创新协同；三是解决动销的问题，通过数据的充分运用实现精细化运作，帮助品牌服务（经销）商做好区域运营，并提升前端业务平台化能力，

即"1+2"战略的"2"之一；四是解决产供销研一体化运作的问题，通过平台化提升立白集团竞争优势赋能生态伙伴，即"1+2"战略的"2"之一；五是解决平台化的高效运作问题，即打造更加敏捷、高效的数字化平台的支撑能力，以及保障各生态伙伴基于业务需求的技术支撑能力。

立白集团建立"领、管、控、办"相结合的数智化转型组织，作为转型落地的组织保障。

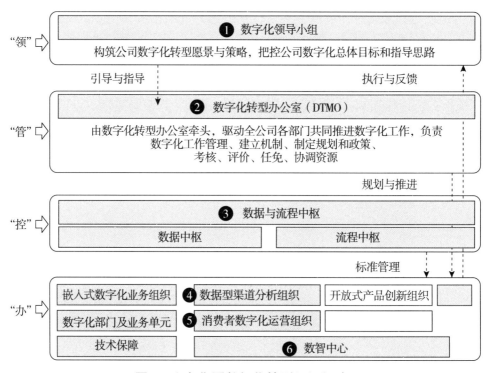

图2　立白集团数智化转型组织保障

在组织的基础上，在集团管理层面形成一套管理机制，可以有序地、规范地、高效地推进数字化工作，同时，从数字化业务组织、数字化业务部门及单元以及技术保障团队抽调人员，形成数智化创新工作小组，共同营造企业的创新氛围，进一步推进数智化场景的落地。

同时，立白集团构建"以战养战"的落地模式，匹配业务价值与目标以及项目激励目标，重视落地成果。立白集团数智化、平台化转型将按照"一线作战"和"能力建设"形成两类工作任务，匹配明确的业务价值指标进行落地。

通过实施上述举措，立白集团建成研供销一体化产业平台，并在新冠肺炎疫情暴发期间发挥了巨大作用：2020年年初，立白集团捐赠2亿元消毒除菌产品，并严令集团及旗下所有公司的消毒除菌产品不准涨价。运用立白集团全链路产业平台，通过自有物流系统，调动1000名司机，向全国363个城市2000多所定点收治医院，自主配送89万件急需消杀产品，累计行程超过40万千米，支出物流费用超1000万元。

提出"绿色健康"发展战略，提升企业国际竞争力

党的十八届五中全会提出了"创新、协调、绿色、开放、共享"五大发展理念，《绿色制造工程实施指南》的总体思路中贯彻了这些理念，其中，绿色发展是绿色制造的核心理念，绿色制造的目标就是建立绿色低碳循环发展的制造业体系。

在上述背景下，立白集团提出了"绿色健康"发展战略，通过带动上下游全产业链，打造"绿色原料""绿色配方""绿色技术""绿色制造""绿色产品"，从而引领洗涤行业的"绿色革命"。

立白集团从产品配方改良，到原料的研发和选择、工厂建设、产品的生产、包装物的使用、产品的运输、废弃物处理等整个产业链的各个环节入手，减少对环境的影响。立白集团在全国各大生产基地的生产设备先进、生产管理规范，均能有效控制"三废"排放，实施清洁生产。谋求人和自然环境健康和谐共存，实现地球生态环境的可持续性发展。

立白集团率先推出节水型产品，加大可再生资源的利用力度，将洗涤剂浓缩化，使用环保包装材料，建设花园工厂。

由于石油资源日益枯竭，合成洗涤剂行业一方面大力整合、重组，加速设备更新换代，扩大规模，节能降耗，挖潜增效；另一方面积极寻求新的替代原料，用可再生资源替代不可再生的石化原材料。立白集团开拓新的市场，改变过去一味盯着国内市场的传统理念，走出国门、放眼世界，参与全球竞争。在此形势下，积极实施绿色化转型升级，开发MES、生物酶制剂等应用技术及可再生原料，在当前石油资源严重短缺、洗涤剂的环保问题亟待解决之时，具有重大的战略意义。

如今，立白集团提供的"立白""好爸爸""蓝天六必治"等织物洗护、餐具清洁、口腔护理优质产品，深受消费者喜爱。在全国拥有9大生产基地、30多家分支机构、1万多名员工，每年向国家上缴税收超15亿元，先后荣获全国文明单位、全国守合同重信用企业、中国私营企业纳税百强、中国质量奖提名奖、中国绿效企业最佳典范奖等世界级、国家级殊荣100余项。立白集团牢固树立"绿水青山就是金山银山"的生态文明理念，现已形成原料、配方、技术、制造、产品上下游绿色全产业链，被世界环保大会授予国际碳金奖，被生态环境部授予中国环境标志企业优秀奖，立白集团广州番禺生产基地获评"绿色工厂"。

立白集团具备强大的科研创新能力，拥有2个国家级高新技术企业、中国轻工业工程技术研究中心、中国轻工业绿色洗涤用品重点实验室、博士后科研工作站和院士企业工作站等。此外，立白集团与德国巴斯夫公司、美国陶氏化学公司等世界500强日化企业建立战略合作伙伴关系，还与中国日用化学工业研究院、中山大学等科研机构和知名院校深度合作，科技研发硕果累累。

立白集团重视社会责任和党建工作，先后建立了党委、纪委、工会、团委、统战部、武装部、妇委、预备役警卫调整连8大机构，成为全国党组织架构最健全的非公企业之一，被中共中央组织部确定为"全国十大优秀非公党组织典型"并向全国宣传推广，是全国最具影响力的非公企业先进党组织之一。此外，立白集团积极履行企业公民的社会责任，累计为公益慈善事业捐款5亿元。

面向国际化、现代化的立白集团，将秉承"健康幸福每一家"的使命，拥抱新时代、跟上新时代、引领新时代，努力为全球消费者创造"美好、洁净、健康"的品质生活。

婴幼儿配方奶粉转型升级
助力企业高质量发展

石家庄君乐宝乳业有限公司

石家庄君乐宝乳业有限公司（以下简称"君乐宝"）创立于1995年，25年来始终专注于奶业发展，致力于"为消费者提供健康、营养、安全的乳制品"。君乐宝现有员工1万余人，业务范围涵盖婴幼儿奶粉、低温液态奶、常温液态奶、牧业四大板块，在河北省、河南省、江苏省、吉林省等地建有20个生产工厂、13个现代化大型牧场，销售市场覆盖全国。2018年荣获政府颁发的质量领域最高奖项——中国质量奖提名奖；是唯一一个中国企业获国际权威质量评定组织（Business Initiative Directions，BID）颁发的国际质量管理卓越和创新钻石奖；君乐宝婴幼儿配方奶粉是唯一一个国产奶粉品牌参与小鱼亲测平台生物安全性评价，力压众多国外品牌，获得代表"品质卓越"的"绿鱼"最高安全评级。2019年凭借"全面质量管理5.0卓越运营模式"，荣获亚洲质量创新奖，这也是乳制品领域品牌第一次荣获该奖项；君乐宝悦鲜活牛奶、乐铂K2奶粉荣获世界乳品创新奖。

以乳业振兴为己任，致力于让祖国下一代喝上好奶粉

2017年1月24日，习近平总书记到河北省张家口市视察君乐宝旗帜乳业，对君乐宝确保质量安全的做法给予了充分肯定，并对国产奶粉发展做出"让祖国的下一代喝上好奶粉""让国产品牌在市场中起主导作用"的重要指示。

秉承严格质量、优质惠价理念，君乐宝婴幼儿配方奶粉产销量由2014年的2.5万吨提升到了2020年的11.5万吨。根据欧睿信息咨询有限公司最新的调研数据，君乐宝2014—2019年复合增长率达到了84.5%，增长速度超过行业平均增速的10倍。截至目前，每天有超过400万名消费者选择君乐宝婴幼儿配方奶粉，带动中国婴幼儿配方奶粉市场价格降低约20%，相当于每年为消费者节约了约200亿元。

以品质和技术创新为核心，构筑企业核心竞争力

君乐宝着力推动乳业的高质量发展，努力实现"四个最"：质量最优、品牌最强、社会最放心、消费者最满意。君乐宝首创了两个模式：一是率先推出全产业链模式，实现牧草种植、奶牛养殖、生产加工全产业链一体化管理和经营，确保牛奶的安全。二是首创四个"世界级"模式：自建现代化牧场，原奶指标优于欧盟、美国和日本标准；优选全球顶级供应商，与爱尔兰凯瑞（Kerry）集团、荷兰皇家帝斯曼

（Royal DSM）集团、以色列领先油脂（Advanced Lipids）公司等开展战略合作；建设全球领先的工厂，用国际一流的工艺设备做婴幼儿奶粉；引进了BRC食品安全全球标准和国际食品标准（IFS）双重管理体系，确保产品高品质。

同时，为匹配高质量发展要求，实现质量管理的"系统性、全局性"转变，秉承"零容忍、零缺陷、高标准"的质量战略方针，君乐宝首创并实施了基于"三个五""五个一"的"全面质量管理5.0卓越运营模式"质量管理方法。该模式以顾客需求为出发点，以风险管理为轴心起点，形成横轴为"五个严"（严苛的源头管理、严谨的产品设计开发管理、严控的生产加工管理、严格的终端销售管理、严密的客户服务支持）的产业链全程监控、纵轴为"五个维"（质量策划、过程管理、绩效评价、改进创新、支持管理）的全面质量管理闭环，规划了实现卓越的五个阶段，指导产业链的全面质量管理实施。

在科研管理上，君乐宝坚持自主创新，通过加强产学研结合，把握和洞察消费者潜在需求，以满足市场需求为导向，致力于研发生产出安全、营养、美味的产品。现有研发平台8个，包括国家乳品加工技术研发分中心、院士工作站、博士后科研工作站等。深入开展"益生菌+"战略，开展菌种、工艺等方面的基础性研究，突破了从菌种资源采集到特色功能性产品开发等关键技术。目前君乐宝已建立了拥有800余株乳酸菌的菌种库，并加入了国际菌物保藏联盟；完成了菌种资源采集、功能菌株选育、生产工艺构建、特色产品开发的系统工作，实现了产业化，开发了具有我国自主知识产权的益生菌菌株

N1115、植物乳杆菌N3117以及自主酸奶发酵剂；成功完成了4项人群临床试验，是国内首个完成婴幼儿喂养试验的益生菌的企业；2018年获得河北省科学技术进步奖一等奖（企业创新奖），"婴幼儿配方奶粉安全控制关键技术及产业化"项目获得2020年河北省科学技术进步奖一等奖。

在婴幼儿配方奶粉研发创新环节，君乐宝联合中国营养学会成立婴幼儿营养合作研发中心，深入研究中国母乳成分和中国宝宝的成长需求。对牛乳加工技术的研究表明：2小时内牛奶中活性物质保留，对减少细菌滋生效果显著。君乐宝在张家口旗帜乳业2万亩工厂率先推出了养殖/加工一体化产业新模式，100%自有奶源，牛奶中蛋白变性更少，保留了更多的生物活性物质，实现了从牧场到加工环节仅用2小时的产业革命。

未来，君乐宝将在努力深耕国内市场的同时，借助于"一带一路"建设，积极构建国内国际双循环新格局，整合全球资源，实现全球布局，有效带动中国乳业进入"引进来"与"走出去"高质量协同发展阶段，为早日实现国产奶粉在市场占据主导地位以及奶业振兴而不断努力！